リフレクションズ

JAZZでスナップショット

小沼純一

彩流社

目次

イントロ――Re-flexion

中学から高校、大学にはいるころ、一九七〇年代、そのときどきに聴いたジャズ。二一世紀になり、ほぼ三十年後、おもいおこす。数あるなか、心身に刻印されているものをピックアップ、当時考えていたこと、ふれていたものなどを記した。それからさらに約十五年。書いた文章からも距離ができた。おなじものを聴いている。レコードの音楽は変わらない。こちらは齢をかさねる。変化する。文章が加えられる。

あたまのなかでひびく。フレーズが、音色が、リズムが。これは何だった？　すぐわかるものもあり、しばらくわからないものもある。何日かして、不意に、アレだと気づくことも。読んでいる文章、探しものをしている棚、ひととの会話、ネット検索のあいだに見掛ける映像。不意に浮かぶ、かえってくる、おもいだすひびきがある。音そのものではないながら、きいたときの驚き、途惑い、落胆、身震い、興奮が、そのままではなく、そうしたものがこの身におこったことが蘇る。

日々の雑事のなかときどき、いや、頻繁に。どこかにむかって歩いているとき、電車に乗っているときに訪れる音楽があり、何をやっていてもその日はこれだとばかり執拗にくりかえされる音楽がある。ミュージシャンの名や曲名を、アルバム・ジャケット・デザインを見掛けたり、名やデザインに近かったり連想させるものにかすったりしただけで、急に、なりだすものがある。そのときまで忘れている。きっかけはあったりなかったり。

音楽について、ジャズの、かつて聴いたものについて、書く。

何をどんなふうに、とあらためて想いおこしつつ、ただそのときだけにとどまらず、「いま」、どうなのか、を考える。レトロスペクティヴなだけではない、聴く＝思考する何かになれば。

ひとつの口実にすぎない、ともおもう。聴きなおせば、新しい発見がある。前とは違ったものがきこえる(あるいは、きこえない)。こっちが変わったのか変わらなかったのか。

はじめて聴いた、何度も聴いていたときの感覚をおもいだす。おもいださない。現在と重ねあわせたうえで、いま、それを書く必要があるのか、どうか。すくなくとも本人にとってはいろいろな意味がある。聴きなおし、再考し、コトバにする意味。

一度か二度聴いて、文章を書くこともある。音楽を聴くのはニュートラルではない。季節や体調、他に何を必要に応じて耳にしているか、無縁ではない。日常的文脈を捨象して、客観を装う。抜け落ちているものがある。ライヴ／コンサートなどを書くならさらに。そうした意味では、むしろ過去のことどもを想起しながら、というほうがはるかに何かを浮かびあがらせることができるのでは。ある文章が評価を得る。道頓堀を歩いたり日比谷公会堂のそばで石を握りしめたり、ちょっとしたしぐさが音楽に結びつけられる。体験になる。ひととしての「意味」を、読み手は「読」み、みずからに引きつける。ぐっと。いいも悪いもない。それが「生」だ、少なくともその時点では、といつのまにかおもう。

こうしたありかたでない、音楽の聴きかたがレコードにはある。ここで一枚一枚のアルバムをタイトルにかかげているのはそこだ。おなじといえばおなじだが、特権的なときとところから切り離され、でも、どこかひとの生の一時期、であることゆえの意味＝方向性が記憶にある。それを文章にする。したいとおもう。

指南してくれるものはほとんどなかった。ガイドブックはあったのだろうか。あったかもしれないが気がつかなかった。何か言ってくれるひとはたまにいた。そのことは書きこんだ。ほぼ勝手に、勘で、聴いた。そんな聴きかたの軌跡。

ずっと住んでいる東京のジャズ環境もまとめた。極私的で一般化できない、個々にはそれしかなかった環境。この列島で活動するジャズ・ミュージシャンが呼吸する七〇年代の空気に、内向したティーンエイジャーもわずかながらふれている。海のむこうで演奏され録音され、届いてくるのとは違った距離感、見知らぬもののあまりに多い、ごくかぎられた情報と環境での、だ。

気儘なききかたをしてきた。だから、おなじように、ここに収められている文章も、目にはいったところから、気儘に読んでいただけるといい。

そのときどきでひらがなや漢字のつかいかたがちがう。統一していない。アルバム名や曲名も同様。あそこにもおなじはなしが、というのもある。わざとのこしている。そういう語りなのだ、とご寛恕いただければ。

リフレクションズ

まっとうなクァルテット!
スティーヴ・レイシー『REFLECTIONS』

「作曲家」としてのセロニアス・モンクを発見させてくれたのはスティーヴ・レイシーだった。少しモンクからはなれて、再確認を迫られたのはハル・ウィルナーの『That's the Way I Feel Now: A Tribute to Thelonious Monk』、一九八四年リリースだから、もうちょっと後。そのときあらためてレイシーを想いだした。

レイシーをはじめて聴いたのは、コジマ録音からでていた吉祥寺Mandalaでのライヴ録音で、これには驚いた。コジマ録音は、一九七〇年代、日本の現代作品とフリージャズをリリース、近藤譲や高橋悠治、ミニマル的作品を書いていた頃の長与寿恵子やピアノのトレモロを多重録音していた佐藤聰明などを中心に聴きながら、阿部薫や高木元輝といった名を気にしていた(ときどきおっかなびっくり買ってみた)。坂本龍一と土取利行の『Disapointment-Hateruma』もあった。

レイシー、ソプラノだけで圧倒的に吹く。

二つくらいの音を延々とトレモロしていくなか、息の圧力で音がぶれたり、リード・ミスをおこしたり、重音になったり、キーのタンポがぱたぱたしたり、いわゆる譜面に書かれるのとは違ったインプロヴィゼーションの凄みを感じていた(ライナーノートで間章の名をおぼえ、ときどきコンサートで見掛けては、あ、アイダ・アキラだ、なんておもったりしていた)。なかにはハサミをちょきちょきする音が中心の曲もあった。

Live at Mandala を引きたかったが、残念、レコードが手元になくて聴きかえせない。

レイシーは忘れられないつよい存在となった。すくない小遣いから、『森と動物園』や『REFLECTIONS』を買った。モンクの「作品」と、そこにおける即興を誘発しながら、コンポジションとしての揺るぎなさに気づいたのも、『REFLECTIONS』のおかげだ(二〇一〇年代、Switch Publishing のあるカフェに、片岡義男と堀江敏幸の対談をききに行くと、あとから高橋悠治さんがやってきた。トークの後、「うちあげ」に行く前の手持ち無沙汰な時間、悠治さんは、お店のひとに頼まれて、アップライト・ピアノを試し弾き。ほんのちょっと。4小節? その曲の断片が《Round Midnight》。さりげないのに、「!」という音だった)。

『REFLECTIONS』のレイシーはフリー・スタイルにいっていない。あくまで「まっとう」なクァルテット。とはいえ、モンクの曲がともすれば、コード進行のみをなぞっただけで、そのメロディ、というか、音の配列、というか、を生かしきれないインプロヴィゼーションを誘発してしまうミュージシャンとは決定的に差をつけている。それがひしひしわかった。ソプラノ・サックスの独特の音色で、他のサックスだったら重力に引っ張られるかのような、音域によって不可避的に醸しだされてしまう重さや暗さに陥ることなく、かるがると、うねうねした線を生みだす。

レイシーは一九八五年に『Only Monk』、一九八九年に『More Monk』と、ソプラノ一本によるモンク作品集を録音する（後者では、ジャケットはルーマニア出身のシュルレアリスト、ヴィクトル・ブローネルの絵からとられている！）

ソプラノの魅力は、コルトレーンの《マイ・フェイヴァリット・シングス》でよく知っているつもりだったが、ここにはそれを越えるものがあった。

まっすぐな一本の管のみで勝負するストイシスムを想像しただけで身震いがおこった。ピアノはマル・ウォルドロン、ベースはブエル・ネイドリンガー、ドラムスはエルヴィン・ジョーンズ。スゴいメンバーが、レイシーの「何か」は、（くりかえしになるが）圧倒的である。

以下はちょっと中心からはずれたはなし。

ジャケットはモノクロームで、薄い緑。下半分は、木々の影が水に映り、輪が何重か広がっている。あるとき、このジャケットと、アルバム・タイトルを見(なおし)たとき、あ！　とおもったことがある。「はじめて見たとき」ではない。何度も見るうちに、だ。おもったのは武満徹《ノヴェンバー・ステップス》の命名について。作曲家は、ニューヨーク・フィルハーモニーから委嘱されたオーケストラ作品に、琵琶と尺八を加えることを提案する。タイトルを決めなくてはならないとき、幾つもの英題案をだし、友人と検討する。水のなかに何かが落ち、輪が広がってゆく、というイメージ。指揮者を中心にして、扇型に広がっているオーケストラに、ヴァイオリンやチェロの一人ひとりに、音が広がってゆくのが、「水の輪」として重なっていた。しかし、提案されるコトバに英語圏の人たちはそうしたイメージを抱かない。そう知らされる。仮題は複数だされたが、次々に却下、結局「ノヴェンバー・ステップス」になるが、はずされた英題にはWater Ringなどとならんで Reflection があった。すでに武満はピアノとオーケストラのための《Arc》の一部に Reflection を使っていたけれども、イメージとしては、新作でもちかいものを抱いていたのだろう。まるで異なった文脈で、レイシーの、モンクの曲のタイトルをとったアルバムが、「水の輪」だった。直接に関係はない。だが、もしかして、武満徹がこの一九五八年録音のアルバムを見ていたとしたら。《ノヴェンバー・ステップス》が初演されるのは九年後の一九六七年である。

サックス・プレイヤーの早坂紗知に、レイシーのサインをみせてもらったことがある。エンピツだったかボールペンだったか忘れたが、かなりの筆圧で、メモ帳には何枚にもへこみができていた。

すごい、すごいよ、レイシー。いまもその記憶はのこっている。

ながれを脱臼させる独得のスタイル
セロニアス・モンク『monk's music』

あれ？　何かヘン？

これは何だ？

管楽器のアンサンブルがいきなり、およそ「ジャズ」とは違う音楽を奏で始める。座ったところからステレオのあたりまで歩いていき、盤を間違えていないか確かめようとした。と、ちょっと間があいて、特徴的な音程と不協和音がひびく。これだ、これでいいんだ。

でも、さっきのは何だった？

およそ一分弱。《Abide With Me》とある。


ずっとこの問いはほったらかしだった。曲調からして賛美歌なんだろうと見当はついたが、調べたのはずっと後。

「日暮れて　四方《よも》は暗く／我が霊《たま》は　いと寂し／寄る辺《べ》なき　身の頼る／主よ、ともに宿りませ」

との詞をもつ《賛美歌39番》。
作詞はHenry F. Lyte、作曲はWilliam H. Monkで、十九世紀半ば過ぎという。

なぜこれが冒頭に？　とはおもうけれど、多分、さほど深い意味はないんじゃないか。二曲目の《Well, You Needn't》と部分的に似ていないわけでもない、というのがひとつ。もうひとつは先に見たように、賛美歌の作曲者がMonkという名であるということを踏まえてか。あたらずともとおからずのことがプロデューサー、オリン・キープニュースの筆でライナーノートに書いてある。

奇妙なジャケットだとおもう。サングラスにゴルフでかぶるような帽子、それにあのクルマは？　こんなのが一九五〇年代後半にというのも可笑しい。同時期のマイルスなどと較べてみても。変人との噂に高いモンクが、ジャケットのときはいやがらずに写真に写ったというのも、ギャップがあるようなないような。

モンクの名が気になったのは、晶文社版『植草甚一スクラップブック』だったか。このシリーズでいろいろ教えてもらったひとはすくなくないんじゃないかな。とはいえ、いまひとつ買いそろえる気になれず、惹かれるところだけを立ち読みで済ませた。何年か経つと、『ジャズ・エッセイ』として抜粋され河出文庫にはいった。

ドラムスにアート・ブレイキー、テナー・サックスにコールマン・ホーキンス、ジョン・コルトレーンを配する。何度か来日している「ジャズ・メッセンジャーズ」のブレイキーは、ＴＶでみたりしても比較的苦手なタイプだったが、モンクとやっているのは悪くなかった。

モンクの音楽、このアルバム以外は、ずっと後にまとめて聴いた。一九八〇年代の終わりにパリに滞在していた折、Riversideのすべてのレコーディングが二つのボックスになってリリースされ、その一つを来る日も来る日も聴いていた。ほかの音楽もいろいろ聴いたが、ひとつのアーティストで集中したのは、その時期、モンクだった。

十代から二十代のはじめにかけて『monk's music』を聴いていたとき、ピアノの奇妙な叩き方——近接する鍵盤を押さえる、独特なタッチ——と音色、スムーズにながれるというよりはながれを脱臼させる曲のスタイルに関心が向いていたのだが、三十代はじめのパリ滞在中は、アンサンブルの組み方やそのなかでのピアノのありよう、アレンジの仕方に関心があった。そのあとしばらくあまり聴かなかったけれど、こういうピアノを弾くモンクの演奏するカラダに関心を抱いた。そのときどきによって聴きかたは変わる、典型的な例だ。

いつ聴いても驚きがあり発見がある。それがモンクだ。何度も聴いているからながしっぱなしにできるかというと、そんなことはない。どこかでひっかかるようにできている。それだけじゃない。演奏家として以上に「作曲家としてのモンク」にまた関心がむく。逆になることもある。やじろべえのようなかんじでモンクを聴く。

嘘のようでほんとのエピソード。モンクの名はややこしい。ヴォイス・パフォーマー、メレディス・モンクのアルバムを買おうと店に行き、「まちがって」セロニアス・モンクを買ったのが、出会いだった、と語ってくれたのは、某作曲家だったたっけ。

反復原理が作品＝演奏の核か

ドン・チェリー＋クシシュトフ・ペンデレツキ『Actions』

反復されるエスニックなフレーズ。
管楽器たちのあいだにあがるひとつの、ときにふたつになる声。
叫びあげる高音のトランペット。
叩きつけるようなドラム。
静かになったかとおもうと、ペンタトニックの音階が現れ、上下向する。

音楽祭／フェスティヴァルなるものにほとんど縁はない。夏になると海外に行って、朝から晩まで音楽漬けになる同業者もいるが、しごとをするかしないかは別にして、食指が動かないのはなぜなんだろう。
中学生や高校生の頃、ラジオで、××音楽祭でのライヴ録音でお送りします、などと言われても、文字どおり海のむこうの事柄で、ぴんとくることはなかった。

そうしたなかで、ちょっと気になったのは、ドナウエッシンゲンの音楽祭。ダルムシュタットとともに、ドイツでおこなわれる現代音楽祭としてプレスティージュを保っていた。音楽の新しい動向、いまにふれられたから、なんだろう。

これは一九七一年におこなわれたライヴ。しかもドン・チェリーとペンデレツキが「おなじ」一枚の盤にはいっている！

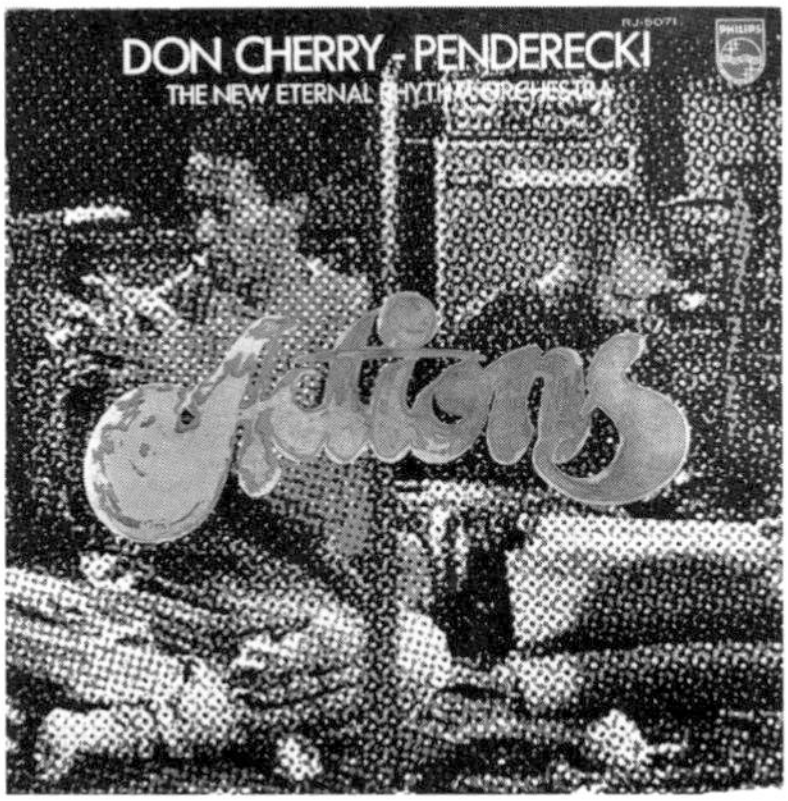

重なり、交差するリズム。

うたうといっても「うた」ではなく、楽器たちと一緒に演奏している、音楽がまわりにあるのを感じて、おもわず喉が震えてあがってしまうような声。次々に交代する短いパート。

そこにいるミュージシャンたちが演奏している、それでいて、世界をまわっている、旅しているというかんじでもある。

鳥の声の模倣もある。息の音もある。ガムランの楽器の音やヴィブラフォンの音もする。

反復原理が作品＝演奏のひとつの核になっている。テリー・ライリーやスティーヴ・ライヒらが「ミニマル・ミュージック」と呼ばれるような音楽を試みていた時期と重なる。同時代性と言ってもいい。チェリーはラ・モンテ・ヤングとともにインド音楽の師に学んでいた。

CD化されたジャケットを見ると、椅子に座って楽器を奏するミュージシャンたちの前に、胡座をかくドン・チェリーがいる。隣には、娘だろうか、やはり胡座をかいて、声を発している女の子もいる。娘だとしたら、ネナ・チェリー、のちにヴォーカリストとして知られるようになった人物。

高橋悠治の最初のエッセイ集『ことばをもって音をたちきれ』（晶文社）に、インド音楽の影響を受けた音楽家のひとりとしてチェリーの名があったから気にしていた。チェリーはインド音楽を学んでから、ヨーロッパで家族ぐるみで演奏をやっていた。

演奏しているThe New Eternal Rhythm Orchestraは、ケニー・ホイーラー、トマス・スタンコ、ペーター・ブロッツマン、ウィレム・ブロイカー、テリエ・リプダル、フレッド・ヴァン・ホーフ、ハン・ベニンク、など、十四、五名。誰が誰だかまったく知らなかった。後にライヴで聴くことになったり、自宅を訪ねて話を聞くことになったり、ここで名前をおぼえたり。これ以外ではほとんど見掛けなかったミュージシャンもいる。

プロデュースはヨアヒム・ベーレント。いうまでもなく『ジャズ　ニューオリンズからフリー・ジャズまで』（誠文堂新光社）の著者。この本にはお世話になった。聴いたことのないミュージシャンの名をただこれで記憶して、実際に聴く機会があるのを待つのだ。

十八分を越える一種の組曲《Humus》が終わって拍手がなりひびいた後、チェリーは聴衆にむかって、インドのリズム、「ティンタール」の指導(?)をおこなう(こんなの、LPにあっただろうか?)。ゆっくりと数をかぞえ、音型を反復し、うたってゆく。

笑いがはいるのもいい。

タブラがはいり、その他の西洋楽器もだんだんと重なって、ふたたび静かになり、チェリーの声と手拍子、タンプーラのびーんという振動音がのこる。

か――とおもうと、大音量でフリー・スタイルの演奏が短時間起こって、終結。

後半、ペンデレツキの音楽は、どんなふうにつくられているのかよくわからなかったが、その演奏のエネルギーが好きだった。

《広島の犠牲者への哀歌》のクラスター手法は十代のはじめにショックをうけたし、いまは、ごく単純にひびきが美しいとおもう。だが、クラシックのオーケストラにはないものが、この、ジャズ・プレイヤーたちにはあって、それが鬱屈した青年にはしっくりきた。プレイヤー全員が元気だ。リプダルのギターがスゴい。

その後ペンデレツキは一種の古典回帰し、ドン・チェリーはより闊達な境地に至る。一九九〇年代、パルコのCFの姿はスタイリッシュだった。チェリーを間近で見て感嘆するのは、ああ、こういう自由さがあるんだ、と感じるのは、このレコードから二十年くらい後のこと。

音自体の発生＝音の世界
ドン・チェリー『BROWN RICE』

ペンタトニックの音型が金属的な音色でくりかえされる――。
ソ・ラ♭・ソ・ミ♭・レ♭・シ♭・レ♭・ミ♭
これはいったい……どこの、どんな音楽なんだ？

ドン・チェリーのアルバムで、八〇年代の終わりから九〇年代にかけての『Art Deco』『Multikulti』を聴くまで、もっとも回数としてレコードをかけたのは『BROWN RICE』だったか。ジャズだとか、フリーだとかいう意識はなく、ただ、いろんな音楽がまじっている自由な風とおしのよさにふれていた。おなじ時期、七〇年代半ばの馴染んでいた音楽とは毛色が違った。直後くらいに、スティーヴ・ライヒのアルバムがボックスでリリースされいわゆるミニマル・ミュージックに馴染むようになるが、その前段階として、七五年のドン・チェリーがあった。

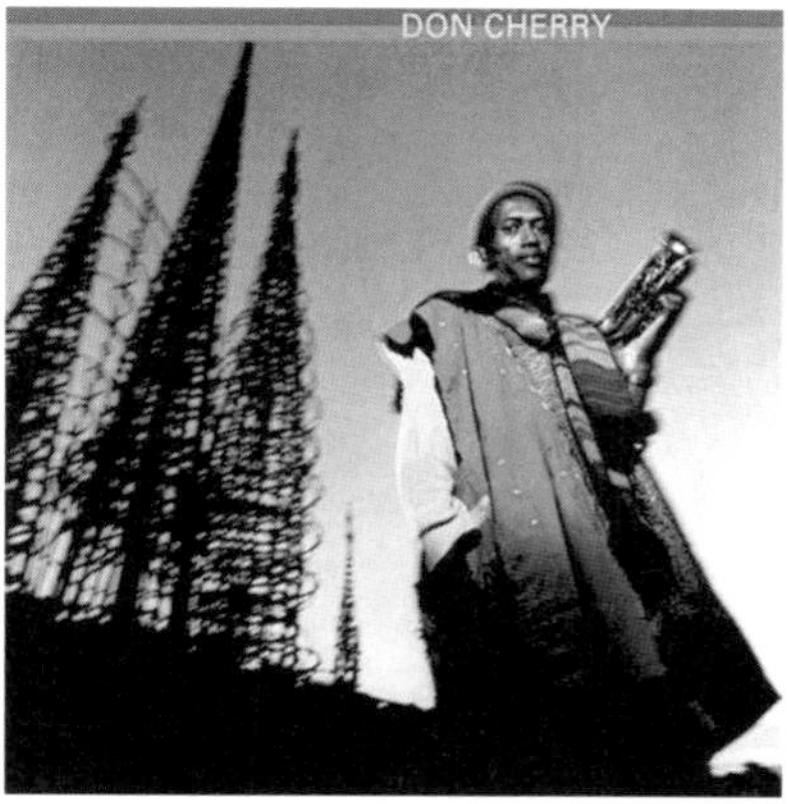

別項でもふれたように、ポーランドの作曲家ペンデレツキとともに現代音楽祭で演奏した録音も聴いていたしおもしろかったが、はまったのはこっちだ。

そのときにはわからなかったし知らなかったが、オーネット・コールマンの『アメリカの空』から『ダンシング・イン・ユア・ヘッド』と同時期であり、シュトックハウゼンの『Ceylon / Birds of Passage』というアルバムがリリースされたのが七六年で、あわせて聴いていた。まわりの連中の影響でピンク・フロイド『狂気』『炎~あなたがここにいてほしい』、イエス『リレイヤー』、タンジェリン・ドリーム『ルビコン』、マイク・オールドフィールド『オマドーン』、キング・クリムゾン『レッド』といったあたりととっかえひっかえ。

フュージョンからワールド・ミュージック的志向というのが世のなかでおこっていて、オーネットはサード・ストリームの文脈を意識しつつ、次第にマグレブ、アフリカ大陸方面へとむかう。対してドン・チェリーはインド思想への傾倒もあるのだろう、音そのものの発生とか、音に世界があるとか、ヨアヒム・ベーレントの本のタイトルを借りるなら「世界は音――ナーダ・ブラフマー」的なワールド・ミュージック性も志向した。ローカルな音楽的イディオムを、珍しさとかではなく、あたりまえにとりいれた。背後にはインド音楽的なドローンがひびいている。

トランペットだけでなくさまざまな楽器を弾き、声をだす。うたうこともあれば、語っているようでもある。ラップのようにはならないが——のちにちかくなる——語りからうたのように変化していったりも。


ごくまれに、ドン・チェリーの、たぶん国内盤がでていなかったアルバム、海外ででていたけれどCD化されていないアルバム、youtubeにあがっている音源を聴く。モノとして持っていないのはなんとも不安だし不安定だなとおもいながら。ほんとうはアルバムを手にして、ちらっとジャケットをみたりして、聴きたい、と。いつ、また、ネット上にあがっているものも消えてしまうかわからないのだから。

音・音楽を、とりあえず記憶を検証するため、確かめるため、youtubeで聴く。ドン・チェリーの音楽をそうやって聴くことが可能なことと、なんらかのきっかけで聴くことができなくなってしまったらとの危機感は、いまの世のなかのいろいろなもののありかたとリンクしているんじゃないかとおもう——のは被害妄想？　（それにしても、ジャケットの背景がワッツタワーなんだな……）

文脈や環境に対応するためのシンプルさ

オーネット・コールマン『DANCING IN YOUR HEAD』

不思議なジャケット・デザインと、1—2トラックにある「from Symphony」の意味が、なんなのかわからなかった。ひとつ前のアルバムがオーケストラとの『アメリカの空』だなんて知らなかったし、あの重苦しいオーケストラのひびきから一転して、くりだされるサックスの反復するある種あっけらかんとしたフレーズが、前作からきているなんて！

おなじフレーズを何回もくりかえす。ちょっと変え、三度あげて吹いたりするが、基本はおなじ。おなじでありつつ違う。フレーズはおなじながらも、ブレスが変わる。さっきはあそこだったはずなのに、こんどはこっち、というように。そもそも「おなじフレーズ」なんてものがない、ありえない、かのように、そのたびにちがう。もともとの発想、音楽のつくりはシンプルなんだろう。それでいて、そのシンプルさは文脈でどんどん変わってゆく。文脈や環境に対応するためのシンプルさ、ととらえられる。

八〇年代半ば、「ライヴ・アンダー・ザ・スカイ」でもこの曲はやっている。聴きにいかなかったが、サックスからヴァイオリン、トランペットに持ちかえ、オーネットはずっと高いテンションを維持しつづけるのを映像でみた。夏の暑い晴れた日、オーネットとプライムタイムの演奏にふれたひとたちは、いま、どうしているんだろう。いまの、世のなか、音楽だけじゃない、社会のもろもろに、何を感じ、何を考えているのだろう。オーネットの音楽は、何も、いまの心身とつながっていないのだろうか……。

アルバムに収録された三曲中、もう一曲はジャジューカのミュージシャンとの共演で、これ、ローリングストーンズに在籍したブライアン・ジョーンズの『Brian Jones Presents the Pipes Of Pan At Joujouka』――68年に録音、71年にリリース――とかさなる。十代の若者はそこまで広い視野を持っていなかったから、モロッコの音楽だと、ブライアンとオーネットが、さらにポール・ボウルズとクロスするなんて十年いじょう経ってからようやく気づくことになる。

ちなみに四方田犬彦訳、ボウルズの短篇集『優雅な獲物』(新潮社)が八九年刊行、ベルトルッチのボウルズ原作による映画『シェルタリング・スカイ』の列島公開は九一年。

『フリージャズ』や『クロイドン・コンサート』は聴いていたはずだが、たぶんぴんときていなかった。端的にいえば「わからなかった」のだ。

『Dancing in Your Head』は、それまでの、サックスを中心にしつつ、ベース、ドラムス、ときどきトランペットかサックスが加わるという楽器編成でなく、エレクトリック・ギターが前面にくる。はじめにきこえるのがギターだ。あとからおもうと、七〇年代半ば、フュージョンとの同時代性もあったろう。でも、『アメリカの空』もあわせてみるなら、ことばはおなじでも、フュージョンの方向性が、世のなかのクロスオーヴァー／フュージョンのながれとはずいぶん違っているのがわかる。むしろ、もっと先、八〇年代になってパリ発信といわれたりもしたワールド・ミュージックとつながりそうなもの、とでも言ったらいいか。だから、あとになって『Virgin Beauty』を聴いたとき、そうか、こういうところに！と腑に落ちた。先にシンプル、と言ったが、こうつながってくるのか、と。

オーネットをじぶんなりにあらためて聴くようになったのは、八〇年代後半以降、だったかもしれない。まさか九八年、《アメリカの空》がこの列島で、東京で、アワダジン・プラットの指揮、もちろんオーネットをソロとして、聴けるとはおもわなかったが。

買ってて良かった！

ギル・エヴァンス＋スティーヴ・レイシー『PARIS BLUES』

聴いたのは、これまでとりあげてきたものよりかなり後、一九八〇年代も終わりだ。録音は一九八七年十一月三十日と十二月三十一日、パリのスタジオ。ギルが亡くなるのは一九八八年三月二十日だから、その四カ月前。

アレンジャー、というより、オーケストレイターと呼んだほうがいい活動をしていたギルは、ピアニストでもあったのに、ピアノの音はあまり耳にはいってこない。オーケストラの演奏のなかでぽつぽつとする程度だ。だから、「ギルのピアノ」はいまひとつ印象が稀薄だった。

収録されているのは、ミンガスの曲が三つ、レイシーが二曲、エリントンとギルの曲が一つずつ。《Paris Blues》はエリントンの名曲として知られる。

余計なことだが、どうしてこれは日本語で「パリ・ブルース」なんだろう。たしかに地名としては「パリ」である。フランス人も日本人もパリと呼ぶ。

しかし、だ。アメリカ人であの街を、この文字を「パリ」と発するのは稀だ。発音するとしたら、かなり気どっているのではなかろうか。

ふつうは「パリス」。

ならば、だ。「パリス・ブルース」といったほうがそのニュアンスはでないか。この二つの語に「ス」音が共通するのが、魅力になっていないか。韻とはいえずとも。

ヴェンダースのよく知られた映画『Paris Texas』でもそうだった。映画のなかでは「パリス、テクサス」と発音される。それが日本語の文字上では「パリ、テキサス」になってしまう。不満だった。

閑話休題。

買って良かった、と聴き始めた途端に、心底おもえるアルバムは、稀だ。

お、すごい、とおもうことも、いいじゃん、これ、と感じることも、ある。

とはいえ、これは一生モンだろうな、あいだがあくことはあっても、きっと聴きつづけるんだろうなと、すぐに、コトバが意識のなかに、ではなく、心身のありようとして直覚する。『Paris Blues』はそれだった。

一九八〇年代後半といった時期、ＣＤがだいぶＬＰを押しのけてきた。ＣＤプレイヤーを購入するのはかなり遅かったから、『Paris Blue』はＬＰで買った。直径三〇センチのＬＰだから、ＣＤの感覚でいうと、かなり大きい。黒が中心となるジャケットで、真ん中に猫の写真がある。あと、わずかに異なった二色の青があり、オレンジがあり、銀がある。この猫、正面をむく猫で、おぉ、である。動物にはしばしばつよく反応する。もちろん、二人のアーティストだからだが、牽引力はつよい。

派手に、ドラマティックになるわけではない。かといって、内省的ともいえない。凡庸だが、淡々と。

音が上にいき、下にいく。おなじ音がくりかえされる。とまる。うねる。あたりまえのうごきだが、ひとつの音があって、次の音へとあがる、そのときに指がキーからはなれたり、マウスピースをくわえる唇の筋肉がちょっとしまったり、する。あるいは、鍵盤を、た、た、た、た、と一拍おきに叩く、そのときの手のかたち、腕のバネの収縮。そうしたものが、ものすごくリアルに感じられてくる。

それが音楽の、ただスムーズでもリズミカルでもない、こう、ちょっとよじれた、生身のひとでこそありえるようなゆらぎを生みだしてくる。

ギルの弾く、アタックがあまり目立たない、くぐもったようなエレクトリック・ピアノの、そして、ペダルを踏まずに、低音で絃が、あのコイル状の太い絃がびりびり振動しているのが見えるような、アコースティックの、グランド・ピアノの、ひびき。

ああ、このミュージシャンたちは、しっかりと、音を聴いている。耳をかたむけている姿、耳に、神経がむいている内的な緊張が、このアルバムにはある。

音そのものの強度
ローランド・カーク『VOLUNTEERED SLAVERY』

『ローランド・カーク／ジョン・ケージ：サウンド?・』という一九六〇年代のモノクロのドキュメンタリーがDVDになった。いちばん好きなのは、動物園のシーンだ。

子どもを肩にのせ、フルートを吹きながら、動物園をローランド・カークが歩く。音を発しているから、いろいろな動物が関心を示す。

もしかすると、ひとにはきこえない音をきいているのかもしれない。

いろいろな動物がいる。カメラのほうにやってきたり、アップになったりする。編集されているから、意図的なのだろう。

それでもおかしい。その間、音はずっとなっている。

パートの最後のところで、一種のイヌなのかキツネなのかオオカミなのか、が、宙にむかって吠えあげる。大きく口を開ける。あくびなのか吠えているのか、よくわからないところもいい。モンタージュだから、次々に叫ぶイヌ／オオカミの顔がでて、おかしい。演奏もつづいている。

カークがスゴいとおもうのは、何といっても、音、である。音の圧力であり迫力である。三本も同時にサックスを吹くことが異様だし、マウスピースの加減が、初心者ならひとつだってろくにならなかったりするのに、バランスがいいのかわるいのかわからないながら、あれだけの息が、音量がありえてしまう。肺活量はどのくらいあるのか。

鼻から吸って口から吐く循環呼吸を最大限駆使しているのはわかる。そのヴァイタリティに驚嘆。目の不自由なカークは、頸からじゃらじゃらと紐を下げ、サックスを吊るす。サックスだけではない、玩具のラッパのようなもの、リコーダーのようなものが括りつけられていて、手で探りあて、口にあてる。

複数の楽器で音をだすのが可能だ、ととりあえず、してみよう。でも、右手と左手、片手ずつでキーを押さえ、「ハモ」らせるとはどういうことか。

フルートの音もいい。いわゆるキレイさではない。むしろ、アフリカの音楽にあるようなノイズィな、息がたくさんはいってくる音、さらに声が、唸り声が、歌声が重なって。

指でキーをぱたぱた叩いてリズムをとる。いや、カークの演奏が、そのままスタジオやステージから、アフリカの森林や大地の音楽が幻視／幻聴させる。鼻で吹く横笛、ノーズ・フルートも奏するし。

カークの音楽を、演奏スタイルを知らなくても、耳にしている可能性は高い。九〇年代、アメリカのお笑い映画『オースティン・パワーズ』の華やかでおばかなパレード・シーン(?)でノイズまじりのフルートが奏でられる、あれがカークの音だ。曲はクインシー・ジョーンズ《ソウル・ボサ・ノヴァ》(アルバム『ビッグ・バンド・ボッサ・ノーヴァ』所収、一九六二年とは驚く)。

フルートの特殊奏法が「現代音楽」畑ででてくるのはいつ頃からだったか。ルチアーノ・ベリオのフルート・ソロのために書かれた最初の《セクエンツァ》が一九五八年。ここではまだ、それほどややこしい奏法はない。次第にホイッスル・トーンや重音が導入されてくるが、如何に一般的になるとはいっても、カークのように獰猛で、かつ洗練されたヴァイタリティは容易に持ちえない。ごくふつうに聴き手が「カッコいい」と受けいれてはくれない。

二十代半ばちかくなって、それまでの無手勝流の聴き方と交差するようにジャズに接する機会が持てたのは、池袋のジャズ・バーに通うようになったからだ。大学を卒業する直前に偶然はいったその店、会社員をしているあいだも、やめてからも、ほとんど毎週、通いつめた。世紀が変わって遠ざかってしまっているのは、単純に、池袋が通り道でなくなってしまったからだが、いつもアタマは、心身は、そっちをむいている。そこは勝手に学ぶジャズの学校だったのだ。

店にはローランド・カークが揃っていた。あとにもさきにも一枚だけでとりあえずすませてきたカークが、ここに来ればいくらもあった。ＬＰ時代はこの列島で一番集めている、とマスターは豪語していた。

サックス・プレイヤーの早坂紗知は、ライヴでときどきソプラノとアルトを同時にくわえてソロをとる。はじめてみたとき、お、ローランド・カーク！ とおもったのも、随分前。このプレイヤーともこの店でカークに出会った。

カークにはコルトレーンの求道ともマイルスの計算とも違う過剰さ、統御しきれない音楽的欲望が埋まって、いや、渦巻いている。この『VOLUNTEERED SLAVERY』には、スタジオの録音と、一九六八年ニューポート・ジャズ・フェスティヴァルでの録音とが一緒になって、こんなまぜかたも過剰のあらわれにみえる。カークの独壇場いうより、アンサンブルのおもしろさが生き、ジャズでありつつ、もっとソウルっぽい。いや、ポップだと言ったほうが正確か。

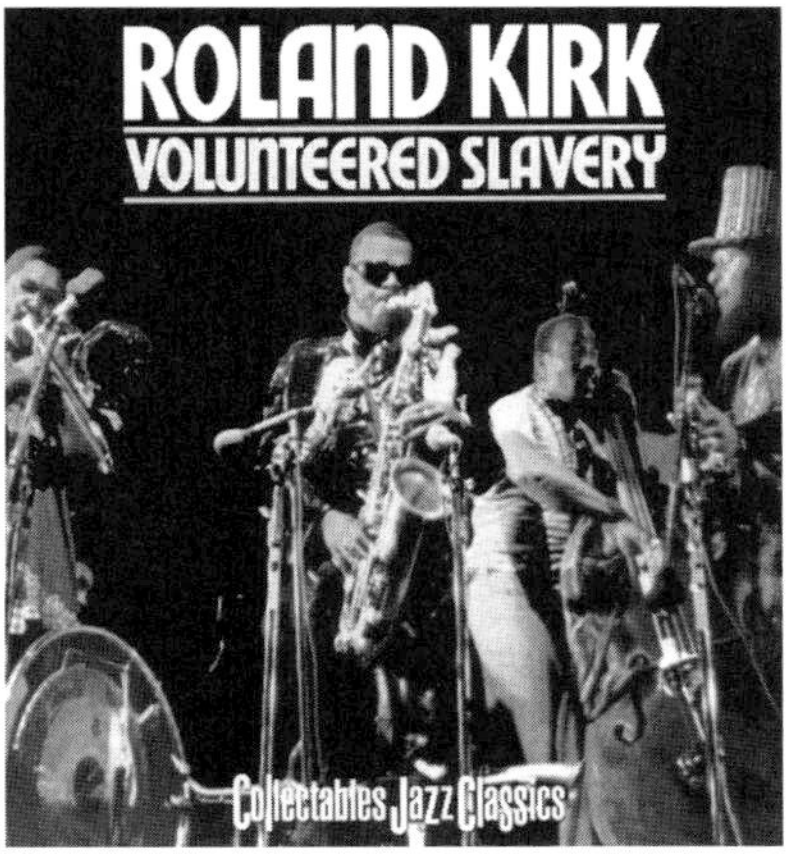

トランペットやトロンボーンがバックになってコーラスが歌い、タンバリンや手拍子でリズムをとる。ジェームズ・ブラウンを連想させたり。

冒頭のタイトル曲ではビートルズの引用も（瞬間に通り過ぎるのではなく何度もくりかえす）ある。

コーラスと一緒に歌い、コーラスと、コール＆リスポンスぽくやる。楽しい。演奏も楽しいけれど、聴き手も巻きこんでしまう楽しさ。フェスティヴァルだということもあるかもしれないが、祝祭的だ。カーク自身の曲が中心だが、バート・バカラックあり、スティーヴィー・ワンダーあり、ジョン・コルトレーン、ビリー・ストレイホーン、モンゴ・サンタマリアなど、すごく豪華、というか、いい加減というか……。

先の映像、カークとケージが共演するのかと期待したのだが、残念、それぞれのパートは交互になっていて、一緒に映ることはなかった。充分(いじょうに)楽しめたけど。

これは、いったい？
マイルス・デイヴィス『PANGAEA』

一種のトラウマである。マイルス・トラウマ。

マイルスがエレクトリック・サウンドで来日したのは一九七五年の一月。大阪公演はご存知『アガルタ』『パンゲア』のアルバムとして知ることができる。プロデューサーのテオ・マセロは、二つのライヴについては手を加えていないという。「完璧」というわけだ。

衝撃的な『ビッチェズ・ブリュー』で、マイルスはスタジオで演奏し、あとはほったらかしだった。アルバムという作品にしたのはマセロ。その意味では、七〇年にリリースされたスタジオ・アルバムと、五年後の極東でのライヴと、アルバムの背後にあるものはかなり異なっている、か。

エレクトリック・サウンドに免疫がなかったといえば嘘になる。浴びるほどではないにしろ、ロックはふつうに聴いていた――「世代」の音楽はロックだったといっても過言ではない。もうひとつはディスコか――し、プログレのコピーバンドをやるようにもなった。ハードロックはハーモニーがシンプルなことが多くしばしば退屈したが、大事なのはそうしたところでなく、エレクトリックの、アンプをとおしてアウトプットされる「サウンド」だとわかってきた頃である。

マイルスの公演はＴＶで放送された。

これは、何？

ドラムスとパーカッション、ベースとギター、しかもギターは二つ。このリズム・セクションにサックスとトランペットがソロとしてのる。マイルスは顔の半分くらいを覆うように大きなサングラスをかけていて、メンバーともども、衣裳はばらばら。統一性がない。

終始やむことのないリズム。ただ複雑というのではなく、音＝色と一緒になったリズム＝音‐色。壁に原色を塗っていくような。（ヒップホップにおけるグラフィティ？）トランペットにはマイクがついていて、しかも吹くときには腰を曲げる。うぉ……いいの？　管楽器を吹くときに、これはイケナイ、禁止されている姿勢ではないか。あとになって、マイルスのこの姿勢でこそ、あのくぐもった、わざと高音がでにくくしているような、すぐわかる独特の音になるのがわかったが、はじめてブラウン管で「みた」ときはわからない。

耳につく音型がある。

ソ―ファ♯―ミ／ファ♯／ソ―ファ♯―ミ

シンプルである。

これがはなれない。ごくまれにでてくるだけなのだが、誇張ではなく、「いま」でも、だ。曲名なんて気にしなかった。できなかった。(ブラウン管を両親と見ていたが何も言わなかった(とおもう)。でも、一緒に見ていた、というのが、いまおもいかえすと不思議だし、それでいて日常でもあった。)

数年経ってから、演奏をきいた(みた?)のが『パンゲア』の一枚目、《Zimbabwe》だと確認。最初の記憶とレコードの音とはかなり違った。記憶では、テンポはもっとゆっくりで、ほとんど先に引いた音型で曲が構成されていた。リズムはもっとごちゃごちゃしていた。レコードで聴いたときには、音型はその他の音とくっついたりはなれたりしてかならずしも独立していたわけではなかったし、リズムは8ビートを中心としながら、まわりに別のリズムが繁茂するようだった。いまさら、ではないが、記憶は嘘をつく。

この日本公演がたたって、マイルスを聴く気にはなれなかった。ながいこと。『死刑台のエレヴェーター』は観たし音楽もカッコいいと感じた。これは高校生のころ。谷川俊太郎の詩「COOL」も読んだ。

ここは寒いよ
君のやさしいミュートはもう沢山だ
ペットの代りに俺を吹いてくれ　マイルス
君の息で俺を暖めてくれ　濡らしてくれ

「君は冷たい黒んぼだ　マイルス」と何回もでてくる詩篇を、二十一世紀の読者はあまり知らないかもしれない。タイトルからもわかるとおり、『カインド・オブ・ブルー』あたりのイメージがつよい。

が、それはそれ。

マイルスとはながいこと『パンゲア』だった。それ「以前」、『マイルス・アヘッド』も『ビッチェズ・ブリュー』も数年待たなければ聴く機会が持てなかった。

レコードはこうやって時間軸を失わせてしまう。いいのか悪いのかとは別に、立ち戻ってしまうのは「出会い」なのだろうか。

音はもっと自由であれ！
アルバート・アイラー『SPILITUAL UNITY』

「アイラーは、今、耳にすると、暗い。ただ、本当の事を、ジャズで吹いている。」

『SPILITUAL UNITY』を聴いたのは、この一節を読んだからだ。中上健次の『破壊せよ、とアイラーは言った』。本が刊行されたのは一九七九年八月。文庫になるには、その頃はまだ時間がかかり、八三年夏である。単行本は出てすぐ本屋でジャズの部分だけ立ち読みし、全部読んだのは文庫になってから。

二十歳の誕生日を迎え、その日に作曲家志望を棄てた。五線紙に、最後と思った音符を書きつけた。中上の小説は好きではなかった。好きではなかったが、スゴい。好き嫌いとスゴい／スゴくないがべつのことだと気づいたのは、このときではなかったとおもうが、中上健次で腑に落ちた。

短篇を読み、『枯木灘』を、読んでいた。『鳳仙花』はアイラーの文章を読んだ翌年、八〇年の刊行。これは常盤台の古本屋で買った。東武東上線を途中下車してときどきのぞいた店だった。

中上が掲げていた『ゴースト』は手に入らなくて、とりあえず売っている『SPILITUAL UNITY』を買った。アルバート・アイラーは、想像したほど、激しく音楽をこわしてはいなかった。ただ、その「音」が凄まじかった。

こわれた／こわされた音楽にはすでに慣れていたのだろう。アイラー「以後」の音楽もたくさん耳にしてきていたし。アイラーには、「うた」の感触から始まって、次第にこわれてくる「さま」に惹きつけられた。ここで音楽は、こわすのではなく、自壊してゆく。

『SPILITUAL UNITY』冒頭、《Ghost:First Version》は、ラリって陽気に「うた」っているかのように始まり、だんだん頸の揺れが左右に激しくなってゆく。《Ghost:Second Version》になるとさらにだ。

《Spirits》でのゲイリー・ピーコックのソロにも耳が吸い寄せられた。サニー・マレイのドラムスとともにベースがある。数語発したかとおもうと、瞬間、黙り、また数語、沈黙、とソロがとられる。つづくアイラーは、ひとつの音を延ばしているのに、ヴィブラートではなく、うううううと唸る。弱々しさとぎりぎりになりつつ、なりきらない。

「私はこうおもい込んでいた。そのうち、コルトレーンを凌駕し、コルトレーンの破産を乗り超えるだろうと。私のような狂信的な者が狂信した新進の、天才を感じさせる、何者もその前ではまがいものに感じる眼力を持ったアイラーが、一歩一歩、ジャズそのものによって世界を組み変える仕事をしているはずだ。」

中上はアイラーの音や音楽について描写はしない。それを聴いていた時期、羽田空港で肉体労働をしながら小説を書き、三島由紀夫が割腹自殺をしたのを知った一方で、アイラーがハドソン川に水死体を浮かべていたことを知らずにいたことを、それまでの自らの生活が変わることを記す。ニューヨークに行ったとき、コルトレーンの、アイラーの不在を、ジャズの死を感じたことを記す。

実感できないことだったし、実感しようもないことだった。それを文章の力として読み、中上の生身がどうしていたのかにはあまり触れたくはなかった。

小説でもおなじだった。

『枯木灘』はスゴかったし、一文一文の力を感じたが、軟弱な十代終わりの身には苦手なもの、敬遠したいものだった。そうしたところからはなれて中上が読めるようになるまで何年か必要だった。とはいえアイラーは聴いてみたかった。描写されていないアイラー、若き中上が耳にしていたアイラーが。

ピアノレスのトリオという、ハーモニー感を持たない、剥きだしの音楽。贅肉のない、骨にわずかの筋肉があり、ぴったりと皮が張りついているような音楽。「作曲」を断念したとき、自らがはいりこんでいた隘路は、音が決められない、というところにあった。

何らかの方法によって、ひとつひとつの音を決めてゆく。だが、その方法を唯一と考えなければ、ひとつの音が「これ」でも「あれ」でも、さらには「どれでも」よくなってしまう。そして終いには、どれでもがすばらしく感じられてしまったのだ。

もう自分で音を決めることはできない。

音はもっと自由であっていい。

オレが何かを決めるなんておこがましい。

アイラーは、そんな耳に、「心身」があることを、そして、作曲を手放したことも良かったのかもしれないと感じさせてくれた。

受験勉強をしよう。大学では文学をやろう。二十歳になっての軌道修正である。何回か聴いただけの『SPILITUAL UNITY』は売り払った。

この頃、アルバート・アイラーの名を、この口から耳にしたひとはひとりもいない。ＣＤで買いなおすまで、名も音楽も封印したままだった。音そのもののことは忘れていた。そういうことがあるのだということもはじめてだった。

濃縮還元黒人音楽的要素

アート・アンサンブル・オブ・シカゴ『BAP-TIZUM』

何も知らないというのはつよい。

中高の学園祭ではリコーダーでルネッサンスやバロックの音楽をやった。あるときは無謀にもジャズがやりたい。そうおもった。

曲はあまり知らない。スタンダード・ナンバーは、曲とタイトルが一致しない。コードなんてよくわからない。じゃあ、とつい口にだしたのは、Art Ensemble of Chicago がやりたい、だった。声をかけてくれた三年上の先輩に呆れられたのは、あたりまえ。

AEOCの演奏はFMで一曲聴いただけである。

ながいながいライヴで、おなじフレーズが何度もくりかえされる。でも、飽きない。くりかえされるたびごとのちょっとしたニュアンス、一回ごとに息を管に吹きこんでいるリアリティ、ベースをつまびいている指の振動――をつよく感じた。

記憶の捏造？　そうかもしれない。たった一曲で、ろくにジャズなど知らないのに、やりたいとおもわせられた。くりかえす、あのフレーズをくりかえす、と。先輩たちからは、もっとやれる曲をやれ、あの連中の音楽は、音がでるものだったら何でも使っちゃうんだぞ、と反対された。たったひとりではしゃいで、放送で耳にした断片など、誰も知りはしないし、すぐにこの話は消えてしまった(悲惨なまでに音の悪いカセットに何分か録音はしていたが、ひとにきかせられるものではなかった)。

残ったのは、ＡＥＯＣという「バンド」名と、あの曲は何だったかという疑問だ。先輩はバンド名こそ知っていたものの、同級生にはまるで通じなかった。

フリージャズなんてコトバも、オーネット・コールマンも、アルバート・アイラーも、セシル・テイラーも知らなかった。山下洋輔というピアニストがいて、消防服を着てピアノに火をつけたというスキャンダラスな記事を読んだことだけは辛うじてあった、とおもう。あるいは、これはもう少し先か。

いずれにしろ、何もわからないなかで受けた衝撃が、ＡＥＯＣからだった。曲が何かを知るようになるのは随分先。

二十代にはいってしまってからだとおもう。ふとしたきっかけで再会した。《Odwalla》だった。

ＡＥＯＣはライヴでしばしばこの曲を演奏している。数分のときもあれば、延々とかけるときもある。演奏はつねに強烈だ(のちにこのタイトルは、アメリカの飲料メーカーのブランド名だかにもなるが、それはAEOCともつながっている、らしい)。

AEOCの演奏は「フリー」なのかもしれないが、先に挙げた「フリージャズ」のミュージシャンよりもはるかに自由でユーモアがある。いろいろなものがどんどんはいりこむ。

音だけで音楽が成り立っているわけではない。黒人音楽にまつわるあらゆる要素がつめこまれる。儀式性、演劇性、視覚性、エンタテインメント、古代と近現代の遭遇。その歴史的探究たるやなまじっかなものではない。まあ、そんなことがわかって聴いていたわけではまるでなく、わけわからないけど楽しいとか、雑然としていながら高いテンションとか、音の多彩さとか、に惹かれていた。ヴィジュアルを知ったのも少し経ってから。メイクをして、衣裳も派手。そうした人たちが膨大な楽器をまわりにならべて演奏するのである。

ゴージャス、とのコトバがフィットするとおもえたのはずっとあと。

機会があれば音源は聴いた。ブリジット・フォンテーヌの『ラジオのように』は、一時期、愛聴していた。残念ながら、AEOCのライヴには行き損なった。メンバーでかろうじて接することができたのはロスコ・ミッチェルのブラス・アンサンブルのみ。二十世紀も終わりに近くなった頃、ロスコの早い死の少し前くらいだった。

それにしても、ピアノをいじれるくらいだった中学生が、どうやって《Odwalla》ができるとおもったのだろう。無謀さは——いまもあるだろうか。

音の求道者ここにあり
ジョン・コルトレーン『AFRO BLUE / IMPRESSIONS』

安易なアルバム・タイトルだなあ、とおもっていた。二つのコルトレーンの曲をつなげただけじゃないか。でも、ライヴなのである。一九六三年十月のヨーロッパ・ツアーから。ＬＰのジャケットは、アフリカ大陸の地図がばーんとある。海の部分は濃い藍色。

何を間違ったか、はじめてコルトレーンで入手したのはファラオ・サンダースが参加しているシアトルのライヴだった。「ライヴ・イン・ジャパン」を買おうと成増のレコード店に行ったら、指南役の人物からは、それよりもこっちだよ、と勧められ、すなおに買った。聴いてびっくり。こ、これは……。すこしのあいだ冷却期間をおいて、あらためてこちらを買った。成増ではなく、池袋の輸入盤の店だった。《My Favorite Things》が聴きたかったのだ、まずは。

ライヴ盤が好きだった。いまでも好きだが、十代半ば、おなじ曲がはいっているならライヴ盤を買った。だから、名盤として知られる『My Favorite Things』、コルトレーンがソプラノ・サックスを吹いているジャケットのスタジオ録音ではなく、こちらを選んだ。

あたりだった。


あとでスタジオ録音を聴いたが、ぜんぜん違う。

スタジオ録音は名盤かもしれないし記念碑的な意味があったかもしれないけれど、コルトレーンじしん、ライヴのほうがずっと楽器にも慣れているし、展開のしかたが違う。演奏時間は何倍にもなっている。ライヴの空気が演奏に反映している。収められている曲もお得意のナンバーがつづく。

プレイヤーとしてのジョン・コルトレーンはすごいとおもったが、《Naima》《Impressions》といった曲を書いた「作曲」の能力、発想に衝撃を受けた。

この進行、転調は何だ？　どこにいくんだ？　と。そもそもこういうコード、コード進行がどう組みたてられるのかわからなかった。


通っている高校に行く周辺にはジャズ喫茶がなかった。いや、正確にいえばあったのだが、制服ではいりこんでコーヒー一杯でねばるなんてできなかった。行きつけの喫茶店はあったけれど、ジャズ喫茶は敷居が高かった。

自宅の、旧式のステレオの前で、何回も何回も《My Favorite Things》を聴いた。

ゆれの多い『サウンド・オブ・ミュージック』のジュリー・アンドリュースの歌い方、寝室で子どもたちとうたいながら、「好きなもの」を列挙してゆく短調だけども陽気な、陽気ななかにちょっとだけ影のあるうた。それがコルトレーンの手にかかるとハードに変容する。

ソプラノ・サックス一本によるイントロから、ピアノとドラムスがリズムをきざむ。これがオリジナルの三拍子を意識しながら、八分の六＝四分の二拍子で、つまりは一小節を三拍子と二拍子両方で切ってゆく。ソプラノ・サックスの音はモーダルな音の選択と相俟ってズルナやドゥドゥクのようにひびく。

ジミー・ギャリソンのベース、エルヴィン・ジョーンズのドラムス、それにマッコイ・タイナーの、トレーンについていくのがどこかタイヘンそうにもおもえる、ピアノ。ライヴだから、一カ所、録音がひずんでいるところがあって、それがまた臨場感をもたらす。

家にあった当時の古いSANSUIのステレオには、33回転と45回転だけではなく、SP用の75回転や16回転もあったから、16回転にして音を確かめた。33回転が通常だとすれば、16回転はほぼ半分、誤差はあるにしても、オクターヴ下になる。テンポも二倍遅くなる。そんなふうにときどき採譜した。

このライヴ盤はなかなかCD化されなかった。LPをほとんど聴かなくなったとき、じゃあ、《My Favorite Things》はどうするかを悩み、どこかのライヴ二枚組を買った。でもこれははずれ。何度か聴いたが、ちがう、と封印。『AFRO BLUE / IMPRESSIONS』をＣＤでみつけ、迷いなく買ったのは世紀をまたいでから。

大学の教員になってからは講義でもつかった。『サウンド・オブ・ミュージック』の寝室のシーンを映像でみせ、それからコルトレーンをながす。あるとき、終わってから学生が来て、このライヴ、スタジオよりずっとすごいっすね、と言われた。だろ？　だろ？　とおもわずうわずって反応してしまった。

このアルバムのソロは、ふと目を宙にあげると、かなりの部分、想いだすことができる。コルトレーンの、というよりは、サックスを吹く唇や喉、楽器を支える指、腹や背中を何とはなしに想像し、腹筋に力がはいる。

ジャズの外縁を超えて

アリス・コルトレーン『JOURNEY IN SATHIDANANDA』

三拍子、四小節のベース・パターンに電子音による膜のようなものがかぶせられ、さーっとハープのグリッサンドが「開始」を告げる。ドラムスが、ソプラノ・サックスがメロディではいってくる。電子音の、というのははじめて聴いたときの印象で、実際はインドの楽器、タンプーラのドローン(持続音)である。まるで手回しの電子音発生装置のように、ゆっくりとロールを回してゆくと、びいぃぃぃぃんという音がつよくなったりよわくなったりする、そんなふうだと形容したらいいか。

タンプーラは絃楽器で、シタールやバンスリといったインド音楽の背後で、ひとつの音をだしつづける。ドローンだ。世界中にある「モード」「旋法」による音楽の安定した軸足の役割を果たす。

大きさやタイプが異なっているであろうベルが、いつのまにかなりつづけていた耳が知覚しそこなっていた。でも、何か別の種類のビートとして心身は感じている。そんなのもこのアルバムを一種神秘的に感じた理由だったか。

ソプラノ・サックスは、あれ？　と錯覚してしまう。まさか。

晩年、ジョン・コルトレーンと一緒にツアーもしていたファラオ・サンダースが、コルトレーンっぽい、いや、トレーンを敬愛するあまりそっくりになってしまう息づかい、発音、音=色、フレージングをとっている。四曲目《Something About John Coltrane》では、トレーンの曲を想起させるフレーズを吹く。すごく繊細なフラッター・タンギング。

ハープは、グリッサンドからトレモロなど、この楽器特有の奏法を生かす。ヨーロッパ的な奏法もだが、ここでは音域の広くなったアフリカのコラのよう。ハープとピアノ、両方弾くのが、不器用な身からすれば、信じがたくおもわれた。

アリス・コルトレーンで愛聴したのはこれくらい。ジョン・コルトレーンを知って、一緒に演奏しているのを聴いて、アリスのリーダー・アルバムを聴いて、これがいつしか残っていった。一九七〇年、三十三歳の録音。いまおもうと、ジャケットもその年齢であるはずで、若かったんだなあ。

ジョン・コルトレーンは一九二六年生まれで六七年に歿。アリスは三七年生まれだから十一歳年下。二〇〇七年の一月に亡くなった。七十歳になっていなかった。そんなこともあって久しぶりに、このアルバムを聴こうとCDを買いなおした。

タイトルは、コルトレーンが、アリスが影響を受けたSwami Sathidananda（一九一四〜一九〇二）というヨーガのグルに由来する。アリスはたしか、他のアルバムでこのグルを招いて朗読だかをしてもらっているのではなかったか。

収録曲五つのうち、四曲はベースがセシル・マクビー。曲が、メロディ・ラインからというよりは、ベースからはいるせいもあるが、つよい印象を与える。二曲目《Shiva-Loka》のアルコ(弓弾き)奏法、四曲目《Something About John Coltrane》のソロ、どちらも聴きどころだ。

Cecil McBee という名、高名なブランドでもある。いつ頃だったかは忘れてしまったけれど、ところどころでこの名を耳にするようになり、そうか、あのベーシストはメジャーなんだなとおもっていたのだが、そのうち手提げ袋にそのスペルが現れて、勘違いだと気づいた。

アルバム、最後のライヴだけは、ベースがチャーリー・ヘイデン。

はじめて聴いたとき、いわゆる「ジャズ」の外縁を、コルトレーン以上に広げている、曖昧にする、越えている、という印象を抱いた。外縁とか縁とかいうコトバが浮かんだのは、天澤退二郎の詩論から連想したのだろうか。単純な発想である。何がジャズの外縁か——。タンプーラやウードが使われている、西洋楽器の音色——以外がここにはある、そこにおもうところがあった。当時は尺八でジャズというようなのもあったが、そういうのはいかがわしく感じても、インドやアラブの楽器はいいのか、ということで、そこに十代の偏狭さがみてとれる。とはいえ、いま聴きなおしても、外縁云々などとはおもわぬまでも楽しめる。最後の曲《Isis and Osiris》でウードのちょっとだけ微分音を使っていたりするのも、昔とおなじように、ちょっと興奮。

のちに、アヌアル・ブラヒムのアルバムにライナーノートを書くことになってうれしくおもったのは、ウードという楽器を買ってしまったのは、ある時期からパリに出掛けるとInstitut du Monde Arabe［アラブ世界研究所］に足を向けるようになったのは、遠くからひびくこの曲からの波動であったかもしれない。ウードには挫折したのだが。

空中に消える音を捕まえる試み
エリック・ドルフィー『BERLIN CONCERTS』

アルト・サックスがあり、バス・クラリネットがあり、フルートがある。楽器によって奏でられる音楽の質感が違う。にもかかわらず、おなじ人物が持ち替えている。

これもまた、十代の後半、ジャズ喫茶で何度となく聴いた。すっかり親しんで、『Last Date』は後まわしになった。

ときに、音楽にかぎったことではないが、はじめに何にふれるか、次にどうだったかで、抱くものが違ってくる。

何だったろう、小説だったか、それとも誰かが洩らすのを耳にしたのだったか、それともあたまのなかで何度かまわしたことがあるのだったか、「出会う、順番がね、違ったのよ」(少女漫画のセリフだったとおもう。いくえみ綾、か?)というようなことだ。

このライヴ・アルバムがでたとき、ドルフィーが亡くなってから十五年以上経っていた。正確にはわからないが、十七年とか十八年とかだろう。録音されたのは一九六一年八月三十日。同日なのに、ホールとクラブと両方の名が挙げられている。だから「Concerts」と複数形か。

そんなベルリンでのライヴの模様が二枚組でリリースされ、ジャズ喫茶に来る客たちは次々にリクエストした。無理はない。年代こそ違うものの、ドルフィーが客死した「ベルリン」だ。性急なおもいこみから、死の直前の録音と信じたひともいたかもしれない。いまに較べれば、未発表音源の発掘はずっと少なかったような気がする。だから、というわけでもないが、レコードを買ったときには、ほとんどLPの四つの面、ジャズをながす店でしっかり聴きこんでいた。

スタンダード曲に親しむことがなかったから、冒頭の《Hot House》はそのアンサンブルの奇妙さに驚いた。フロントの楽器を押しのけて、別の楽器が不意にとびだしてくる。徒競走だかマラソンだか、ゴール直前で、掻き分けるようにぐっと別の音色が高音ではいってくる。そんなのがあるかと思えば、バス・クラリネットの広い音域をうねうねとたぐるようにでてくるアルペジオではじまり、ユーモアをたたえるナンバー、フルートの、微かな息音もまじえながら、リリカルでリズミカルという表現の綱渡りをやってのけるナンバー、それぞれ聴きどころが多様だ。

ミンガスのバンドでの活躍とか、脇で活躍するドルフィーの演奏を聴くようになるのはずっと後のこと。そうしたなかでは、コルトレーンのアルバム『Africa Brass』をときどき、想いだしたように聴く。これも好きなアルバムだった。

『Last Date』の最後に収録されている、ドルフィー自身のコトバがある。

"When you hear music, after it's over, it's gone in the air. You can never capture it again."

「音楽を聴き終った後、それは空中に消えてしまい、二度と捕まえることはできない」

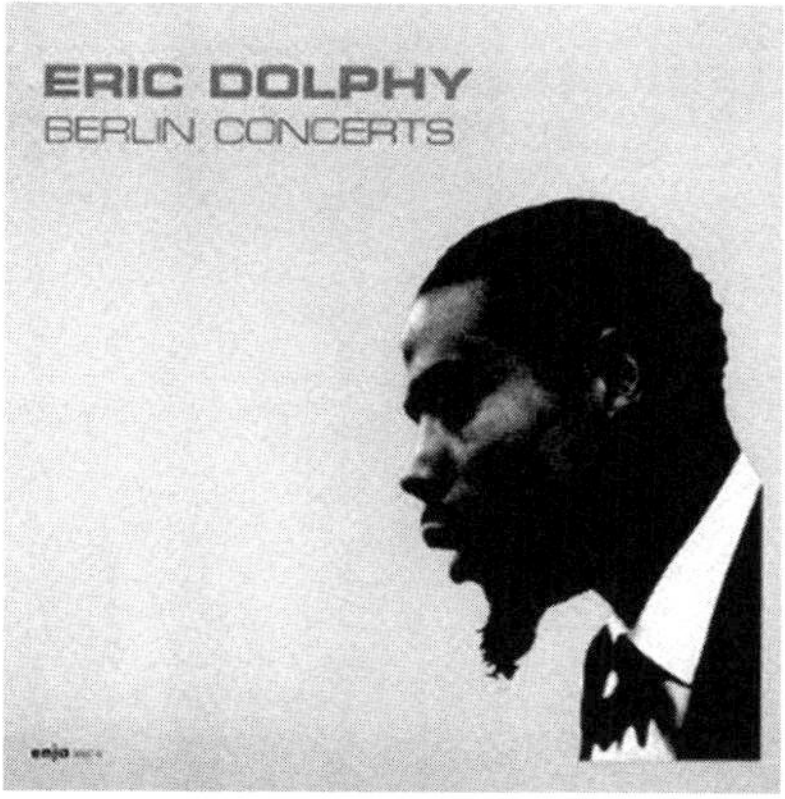

この一節は、自著のなかにも引用したし、講義でもはなしている。本に引いたのは、敬愛する担当編集者の発案だった。こうしたコトバが夭折したミュージシャンの、「レコード」に収められていることに感慨をおぼえるが、さて、現在の音楽の「データ化」状況に慣れ親しんだひとからすると、どうなのだろう。

かつてのアイドル

マッコイ・タイナー『INNER VOICES』

階段を降りてゆくと、きこえてきた。扉が階段のうえにあったのか、降りきったところにあったのか。いまではもうわからない。どちらにしても、何段か降りたところで、ああ、あれだな、とわかる。

コーヒーを注文して、音楽を聴く。本を読む。ぼんやりする。

店には、話をしないように、と貼り紙があった。

一九七〇年代の後半である。

ジャズの店である。なのに、コーラスがきこえた。

何だ?

階段の途中でおもった。

ジャケットは抽象的なパステル・カラー。じきにピアノがはいってきて、すぐ、あ、彼の音だ、とわかる。マッコイ・タイナーだ。

タイナーは高校生の頃、アイドルだった。左手でくりかえされる骨太なオスティナート。そのうえで、右手が乱舞する。おそらくTVか何かで見た。演奏に度肝をぬかれた。

『Enlightenment』や『Atlantis』といったライヴ盤をくりかえして聴いた。ジャズはスタジオでより、ライヴ盤のほうがいいと感じていたから。

『Fly with the Wind』は、発売とほぼ同時期にコンサートがあり、渋谷公会堂に聴きに行った。ふりおろすように高いところから手が鍵盤におりる。みごとに正確だ。ぐわーん、と音がとぶ。

多少なりともさわっているピアノという楽器が、まるで違ったものになっている。おなじタイナーの演奏でも、当時併行して聴いていたコルトレーンのクァルテットでとは大きく違う。

コーラスやブラス・セクションを加えた『Inner Voices』は、それにつづくアルバム、一九七七年の録音だ。五曲収録され、トータルで四十分強。LPって短かったな、とあらためておもう。

冒頭の《For Tomorrow》は、三拍子。三連符のはいったベースからコーラスが重なる。

ピアノがでてくるのは途中から。自由なのに、抑制されている。ドラムレスで、トーンはやわらかい。コーラスも大人数ではない質感があたたかみを持っている。いまでは、これだけでとめてしまう。余程のことがなければつづけて聴くことはない。ただこの《For Tomorrow》だけを聴きたくなる。

他の曲だって悪いわけじゃない。タイナーと共演するのがとても意外だったアール・クルーのナイロン絃の音とか、ギレルミ・フランコのパーカッションとか、ジョン・ファディスのトランペット・ソロとか、曲によって編成が異なり、ときにはブラス・セクションの、前に、前にとでてくるパワーが、ときにはコーラスとブラスが重なったり交互にひびいたりする妙味が聴きどころだが、うん、やっぱり、《For Tomorrow》である。

一九三八年生まれのタイナーだから、このアルバムを録音した当時は四十歳前後。こちらはその年齢をもうとうに過ぎていることに、いま、気がつく。亡くなったのは二〇二〇年か……。

体力と想像力の規制を超える
セシル・テイラー『AKISAKILA』

基本的に「日記」的な話はしないが、例外を設ける。

昨日、二〇〇七年二月二十一日、一カ月遅れでおこなわれたセシル・テイラーと山下洋輔のコンサートに行った。

圧倒された。

まったくのクリシェだが、そのヴァイタリティ、パワフルさにである。これまで親しんできたセシルのアルバムからはわからなかった音の美しさにである。

はじめ、単音とか、少ない音で始めた。

さー、っ、とピアノの、他の楽器ではありえない残響がひろがる。

こう、白と黒の鍵盤から、グランドピアノのしっぽの先のほうへ、音がさざなみのようにたってゆくのが、見えるように聴こえる。そういう音の発生が、わずかのあいだ、つづく。

そのひとつひとつが、別の表情を持っている。ただ和音が、音域が、ちがうからではない。タッチやペダリングがものすごくデリケートに反映している。

え？ セシルって、こんな「ソノリティ」のひとなんだ！

そばにあった再生装置は大したものでない。音楽にかかわる仕事をしているなどといえないような、シンプルなものだ。だからしっかり録音されていても、再生できていなかったのかもしれないが、でも、やはり、レコードにはならないんじゃないか、ムリなんじゃないかという音だと想像できる。これが演奏が進行してゆくにつれて変わってゆく。聴いているこちらのパワーがついていけないというくらいの演奏だ。何十分も平然と弾きつづける。

一月の来日ができなかったのは手術をしたからだと耳にしたけれど、ほんとうなのかどうか。一九二九年三月の生まれだから、じき七十八歳。なのに、信じられないようなクラスターの乱舞。コンサート前半のソロ・ステージだけではない。後半、さらに長く激しく、山下洋輔とデュオを。かつて山下洋輔はピアノの絃を切るというので悪評(?)を得たが、二人のデュオ、体力を消耗させながら聴きつづけ、あいだにオペラシティ・タケミツ・メモリアルのコンサート・グランドの心配まで、ちらり、ちらりと、してしまう。

後半、弾きまくるばかりでなく、ひとりずつがときどきソロのように静かな、独自の世界をつくりだす。それから山下さんの介入があって、また幾つも幾つもダイナマイトが仕掛けられているように、クラスターが炸裂する。

すこしでもピアノを弾けばわかるだろうが、めちゃめちゃのように弾くことの難しさ、フリー・スタイルでつぎつぎに違ったことをやるタイヘンさは想像にあまりある。フリーだからできるとおもったら大間違い、ひとの身体とイマジネーションは如何に自由に「なれない」か。その意味でも、二人が展開するデュオは驚きなのだ。

会場には最近あまりレコード店で見掛けなくなっていたセシルのアルバムが何枚もあった。懐かしくなって『AKISAKILA』を買う。

聴きこんだことはない。何度もフリージャズ専門のジャズ喫茶で耳にした。池袋には、フリージャズ専門のジャズ喫茶もあった。大昔の話だが。セシルとジミー・ライオンズ(アルト・サックス)、アンドリュー・シリル(ドラムス)が一九七三年に新宿厚生年金大ホールでおこなったコンサートの録音。二枚組。こんな演奏が東京であった、というだけでなく、セシルは世界中でやっている、やりつづけているという、そしてそれをいまでも変わらずにという驚き。
一九二九年生まれ、父とおなじ齢。父もありがたいことに

元気——そのときは、ということで、すでに父もセシルも亡くなったけれど——だ。重ねるわけではないが、ほんの数カ月ちがいで、この地球のうえでおなじ時間生きていることの不思議さをも、コンサートのあいだ、感じていた。

脱求心性の極北
セシル・テイラー『JUMPIN'PUNKINS』

その名をきいたのは高校の一年のとき。開いたばかりの、池袋西武12階にあったArt Vivantで働いていた女性Mさんから。あのひとは音楽コーナーの初代担当、だったか。セシル・テイラーが好きだなんて女性はありえない、と鍵谷幸信に言われたという。鍵谷幸信、慶應の英語の先生で、詩人・西脇順三郎門下。音楽に造詣が深く、何冊か著書もあり、店ではときどき顔をあわせた。

Art Vivantは高校の行き帰りに立ち寄れたがゆえに、いろいろなことを学ぶ、第二の学校だった。まだ「学び」はじめたばかり、セシル・テイラーなど知らない。ただ名だけが飛びこんできたのではなく、「女性」だとか「好き」だとか、そんなことまで含んでいたのだから意味深(いまならNG発言だ)である。以来、気になりつづけた。

コンサートで気づいたこと。

ふ、っと静かになる。

アトーナルやクラスターと呼ぶのもばかばかしくなるような、アナーキーなひびきが乱舞する、その後。ちょっとだけ、トーナルに寄ってゆくことがある。

トーナルに寄るということでいえば、山下洋輔のほうがずっとその傾向はつよい。山下さんには、良くも悪くも、トーナルの拡大としてのアトーナルやクラスターがある。「ブルーノート研究」の基本は変わらない。

ピアノという楽器を考えたとき、白い鍵盤だけでも黒い鍵盤だけでも、鍵盤を順番にたたけば、否応なしにモーダルになる。両方を組み合わせるからこそトーナルもモーダルもくずれる。この「白」と「黒」の混血、混合が複数のトーナルもアトーナルもつくりだす。

セシルは違う。もっとトーナルへの求心性を拒む。脱-求心性なのだ。それが静かなパートでは、近寄ってくる。不思議なことに、「ジャズ」の感触ではない。ドビュッシー、あるいはベートーヴェン、なのである。こっちの耳がおかしいのか、とおもったりした。ちょっとした指の向き加減でたまたまなのではないか、とさえ。

違うのである。オクターヴのとりかた、四度や五度のかさねが、ジャズでもロマン派でもなく、西洋音楽史においてはなれているはずの二作曲家のピアノの音を喚起する。

別のコンサートでも起こっているのかもしれない。特にオペラシティ・タケミツ・メモリアルだから特別ということもないかもしれない。それでも、こういうことが起こることに驚く。逆に、ピアノという楽器、ピアノという楽器を弾くことのある種の限界、避けようもなく、ベートーヴェンやドビュッシーを招き寄せたり、引用してしまうかのようにひびいてしまう困難を、おもわずにはいられず。

クラスターとアトーナルのセシルしか知らないひとにとって、『JUMPIN'PUNKINS』は、へえ、ちゃんとふつうのジャズもやるんだ、というアルバムかもしれない。セシル・テイラーで唯一ＬＰを買い持っていた。ここでセシルはクラスターも弾くが、エリントンと自分のナンバーを弾いている。このあたりは、山下洋輔といわれても、あまり違和感がない。

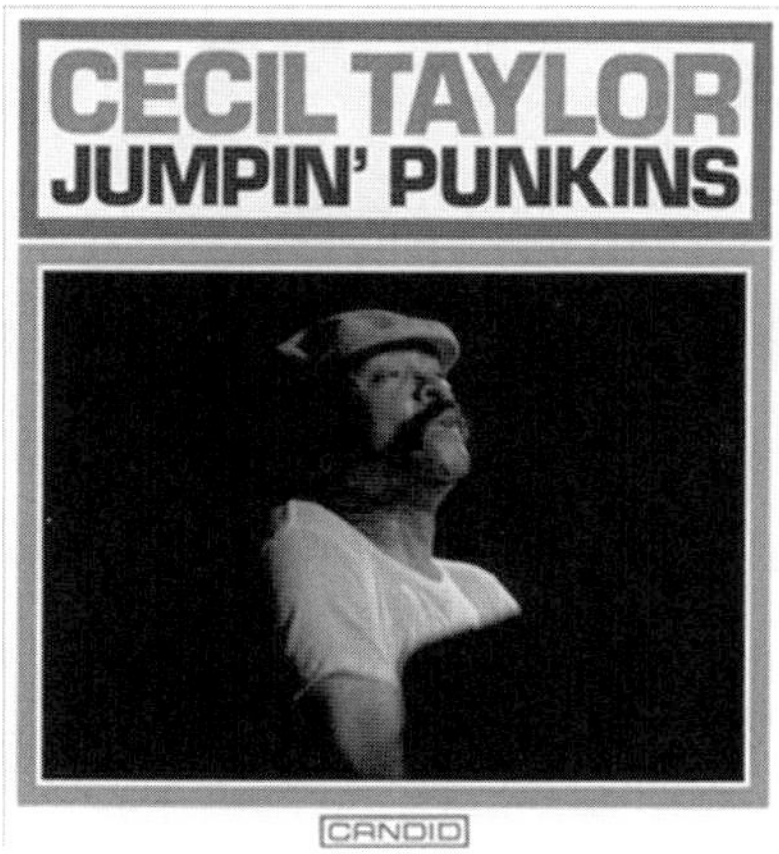

盟友スティーヴ・レイシー――聴いてすぐ彼の音とわかる――のソプラノ・サックスがあり、アーチー・シェップのテナー、クラーク・テリーのトランペット、ビリー・ヒギンズのドラムスといったクレジットは九人。一九六一年の録音。

コンサートに戻る。

山下洋輔のソロ・パートが終わり、ピアノが取り替えられている最中――各人、使うピアノが違う――、どこからか鈴の音がする。

ピアノに細工をしている？　そうでもなさそうだ。セッティングをしていたひとが引っこんでしばらくすると、鈴が大きくひびきはじめる。声もする。セシル・テイラーが楽屋で、楽屋からステージまでのところで発している。スピーカーで増幅され、姿は見えねど、鈴と声が、音として、届く。しばらくすると本人が登場、ピアノにはまっすぐ向かわず、不思議な仕草でステージを動いてから、ピアノに向かった。

ピアノからはなれているセシルは、この動作、ちょっとがに股に近くひょこひょこと、腕を広げるようにして歩く姿だ。ヘルニアの手術をしたとかしないとか。一種の踊りのよう。その踊りには、先の鈴と声とつながる、アフリカの記憶、ふれたことは多くないかもしれないが、意識／無意識につながっている土地の、一緒に暮らしたことのない共同体の、身体性が、反復されている。

ピアノの音にも、ヴァイタリティにも、もちろん、「感動」した。だが、この身体のあらわれにも「感動」させられたのである。

『JUMPIN'PUNKINS』も『AKISAKILA』も聴いていたが、親しんだのは前者だ。後者は、よほどの覚悟がなければ聴かなかった。ヘンリー・カウエルやボー・ニルソン、シュトックハウゼンの作品に現れるクラスターが、セシル・テイラーより、「身体」的に「わかる」、「近い」ような錯覚を抱いていた十代である。

この文章のはじめに記したArt Vivantの開店がたぶん、西武美術館と一緒だから一九七五年で、その名を知ったのもコンサートの二年、あるいは三年後くらいのことだろう。そのさらに数年後、鍵谷さんとも知り合いになって、西武のCafé Figaroでお茶をごちそうになったりしたが、セシル・テイラーの話はしたことがない。はたして、何かを「好き」になるのに、ジェンダーは問題になるのかどうか。「何か」がジェンダーを選別するのか。いまさらながらに鍵谷さんに尋ねてみたい気もするが、昭和の最後の年に冥界に旅だってしまった。そして、鍵谷さんの一つ年上のセシルはまだすばらしくパワフルにピアノを弾く(二〇一八年春に世を去った……)。

ジャズ・ピアノへの憧れ
ビル・エヴァンス『At The Montreux Jazz Festival』

どこでも耳にする《Waltz for Debby》《My Foolish Heart》は収められていない。長いこと、ビル・エヴァンスといえばこのアルバムだけを聴いていた。理由は単純。中古レコード店にこれだけがあった。かの有名曲はどこでも聴けたから、あえてアルバムは買わなかった。ビル・エヴァンスの音は好きだったけれど、食傷してもいた。こういうスタイルはいくらもエピゴーネンがいる。うんざりだ。だからあれ一枚あればいいのだ、と。ドビュッシーやラヴェルのようなピアノ、みたいに紹介されるのも気になった。フランス近代音楽は身近だったから、エヴァンスを敬遠した、ともいえる。

いわゆる「ピアノ・トリオ」をはっきり認識したのは、ビル・エヴァンスのトリオだった。というのも、「レコード芸術」なる雑誌を買ったのはただ一度、中学生のときだったが、ほとんどクラシックの記事が中心だったなか、唯一、ビル・エヴァンス・トリオの記事が見開きで載っていて、インパクトがあったから。

一九七三年来日だからその年の号だろう。エヴァンスは立派な体格、いや、胴回りの大きさが印象深かった。体調がよくなくて、肥満もしくはむくんでいたのかもしれない。妙に真摯で紳士、ピアノにアツくむかっている写真だった。

なぜ雑誌を買ったのか忘れてしまったが、ただ一度買った雑誌だから、いくつかおぼえている記事がある。マウリツィオ・カーゲルのシアターピース的な日本公演、秋山邦晴によるドナウエッシンゲン現代音楽祭のレポート(グロボカール《コンチェルト・グロッソ》が与えた衝撃とか、松平頼則の《循環する楽章》の演奏とか)、篠原真のインタヴューとか。こういう記憶はどこかで間違ったり捏造されたりしているのかもしれないが。

『ライヴ・アット・モントゥルー』は、一九六八年、フェスティヴァルがはじまってすぐの録音で、「お城のエヴァンス」と呼ばれて愛されている。共演はエディ・ゴメス、ジャック・ディジョネット。ピアノ・トリオってこういうかんじなのか、と「発見」があった。それまでサックスがフロントに立っている演奏をよく聴いていて、管楽器の音が好きだったせいか、ピアノ・トリオは地味に感じていた。その地味さゆえの味わいがある。しかもわたし自身の「楽器」でもあったピアノだ。こん

なふうには弾けないけれど、ジャズ・ピアノへの憧れはつよまった。それでいながら、ちまたで売っているビル・エヴァンス曲集なんていう楽譜は一切見なかったし買わなかったのは、どこかにアンビヴァレントなものがあったのか。いつになっても自分は謎である。

エヴァンス・トリオのときはよくわかっていなかったのだが、のちにキース・ジャレットのスタンダード・トリオを熱心に聴くようになって、ディジョネットへの関心もつよくなった。デリケートなドラムスとはべつに、ピアノを弾くディジョネットもいい。ほかの楽器のプレイヤーが弾くピアノは、グラッペリでもミンガスでもディジョネットでも、ちょっとちがう。

ひとつの音楽、ひとつの演奏、ひとりの音楽家を、偏見なしに受け入れるタイヘンさ。ビル・エヴァンスはその典型であったのかもしれない。

土地の霊《ゲニウス・ロキ》との対話

キース・ジャレット『SOLO-CONCERTS: BREMEN / LAUSANNE』

何なんだろう、この音の、音楽のながれは。

ふと、おかれたはじめのいくつかの音、おずおずとするかのようでいて、それらがゆるやかに結びつき、やがて大きなゆれを生みだしてゆく。広い音域にわたって音がうねうねとうごいてゆくなかで、さあ、っと、色が変化する。音が、音の色が、変わる！　変わるんだ！

じぶんがピアノを弾いているときのかんじ、左手の小指がひとつ、ベース音として、ほかの右手の音とはなれて、しっかりひびくかんじ、おなじ音型をくりかえしてゆくうえに、右手がインプロをする、そのときのアクセントのおき方、瞬間のずれ、鍵盤に指をおとすかたち、そう、それは自分ではけっしてできないながらも、でも、ピアノという楽器につきあって、すぐそこで音がしている臨場感、一本一本の指が指におちる、しっかりと鍵盤が下までおりる、ハンマーについているフェルトが金属製の絃にふれる、叩く、その光景が「みえ」る。しかも、あげている指からは音がしない。そこには空白の、不在の、「いま・ここ」にない音が待機する。ふれなければ音をだしてくれない、でも、ただふれればいいのではなく、そのポイント、ポイントを選び、ある指はまるくし、ある指はちょっとあげて、と、音の「ある」と「ない」とを瞬時瞬時につくってゆく。そんなあたりまえながらのピアノとのむすびつき。鍵盤という一音一音がべつべつのディジタルでありながら、「色」はシームレスに変化する。この無愛想な楽器が、こんなにも「色」を持っている！

教えてくれたのは、ドビュッシーの《前奏曲集》を弾くジャック・フェヴリエとキースの『ソロ・コンサート』だった。

中学三年生の秋、三年上の先輩が突然、言ったのである。

なあ、♥♡♥♡♥♡♥のレコード、買わないか？

その名は知らなかった。

くびをかしげると、いいいんだ。だけど、おれは充分聴いたし、楽器を買うために金がいるのだよ。

下級生とは弱いものである。

よくわからないけど、はい、と言わざるをえなかった。

ほかの後輩ではなく、じぶんにもちかけてくれたのに悪い気はしなかった。クラブでの担当がピアノだったからだろう。それが『ソロ・コンサート』。ボックスにはいっているレコードなど、プーランクの室内楽曲集しか買ったことがなかったし、そもそも「ジャズ」というジャンルでボックスが驚きだった。しかも、耳にしたことのない、「キース・ジャレット」なるミュージシャンだ。この先輩長じて現在よく知られた音楽家である。名前は知らなくても、誰でも知っている某TV番組の曲を書いていた。こちらとしては遠くからみているにすぎない。高校生の頃から、いろいろ聴いていたし、弾いていたし、派手な人物だった。レコードの代金は、結局、ソプラノ・サックスの元金になった。

ひとりが売り払ったレコードが、べつのひとりに大きな影響を与える。ともに音楽に大なり小なりかかわりつづけている。一方は、何十年か経って、心身に影響がしっかりしみこみ、こんな文章を書いている。

一台のピアノで、こういう音楽が成り立ってしまうこと。これが「ジャズ」であるかどうかはわからない。クラシック風のところもあれば、ジャズ風なところも、ブルース風、ゴスペル風のところもある。いや、「ジャズ」であろうとおもって聴くのだが、それはどうでも良かった。ただピアノで奏でられる音楽であり、ただ音楽だった。

「現代音楽」ではなじんでいた「内部奏法」もスムーズに、ふつうの鍵盤での演奏と違和感なく、「ピアノの音楽」になっていた。こういう内部奏法には驚いたし、憧れた。

キースにとってのピアノという楽器の全体的、いや、全身的意味を突きつけられた。

ジャズもロックもクラシックも、ごくあたりまえに聴いていたとおもっていたけれど、そういうのはどうでもいいんだとほんとうに、身体的に理解したのは、このアルバムから、中学三年生のときから、だったからかもしれない。

キースは、その後『ケルン・コンサート』がリリースされ、大きく評判にもなり、いたるところでその断片がながれたりするようになった。LPで買うことはなかった。

『ケルン・コンサート』はいい、いい音楽だ。それ以上に、こちらには『ソロ・コンサート』があった。

日本公演をまとめた『サンベア・コンサート』は敬遠したし、そのあたりからキースからはなれてしまった。ずっとあと、音楽について文章を書くようになって、たまたまキースについて書く機会があり、多くのソロ・アルバムを聴いた。

ブレゲンツ、パリ、スカラ座……、「インプロヴィゼーション」には、あきらかにその土地の空気、土地の霊《ゲニウス・ロキ》との対話があった。パリにはパリの、スカラ座にはスカラ座の、ほかのところではやってこないような、もしかしたらかつては出会ってもいないのに来訪する土地の、音楽の霊との。

ピアノは持ちはこべない。持ちはこぶひともいるがまれだ。その場その場のピアノと出会い出会いなおす。その土地の空気、風土、天候。コンサート当日の体調。ピアノ、ホールの、状態。相性。ひとりひとりの聴き手が集まり、またもうひとつべつのひとつとなった聴衆。

S先輩、『ソロ・コンサート』、あなたにはすぐ「わかって」しまった音楽かもしれないけれど、以来、ずっとひっかかる音楽でありつづけています。このレコードを「紹介」してくれたことを感謝しているのです。

いまだ残る距離感の謎

ハービー・ハンコック『V.S.O.P.』

エレクトリック・ピアノが、拍手と喚声が静まったところからひびいてくる。波のようなアルペッジオ。鍵盤をおさえたままでいるんだろう、うわんうわんとゆっくりしたヴィブラートがかかる。

拍のないインプロをぬけ、ブリリアントな山あり谷ありのパッセージをぬけ、くっきりとしたトーンが支配し始めると、一転、リズムのパターンがあらわれ、〈Maiden Voyage〉に移行。

この曲、タイトルとひとつのモティーフのアイディアとの結びつきといい、ハーモニーといい、全体のつくりといい、みごとだ。きっちりできているだけじゃない。余計なものを排除し、即興的に付け加える「すき」をつくっている。考え抜かれ、聴くものの感覚へとダイレクトにはいってくる。

ハービー・ハンコックの名を記憶したのは『ヘッドハンターズ』のジャケットだった。虫のような、宇宙人のような触角のあるアタマの、だ。リリースは一九七三年だから、中学生になったかならないか。

少しずつ音楽雑誌も立ち読みするようになり、レコード店にも行ったから、何度も見掛けて、すりこまれていった(はずだ)。とはいえ、音楽雑誌は、ジャズ系もクラシック系もロック系も、ジャンルを問わず、ほぼ、買ったことはない。友人が持っているのをのぞくだけで、その意味では熱心な音楽ファンとはいえなかった。

『ヘッドハンターズ』、ジャケットのインパクトのわりに、音楽にはピンとこなかった。いまだおもい入れはない。ハービーの何枚か気に入っているアルバムもないわけではないが、たとえばチック・コリアやキース・ジャレットとは決定的に、位置が、意味が、違っている。

それでいて、このアルバム、何度も聴いた。親友Nが持っているのを、家に遊びに行ったときに発見、借りて手元に何カ月か持っていたからだ。おそらく一九七八年か七九年。Nとはよく行き来していた。MJQの『ラスト・コンサート』も借りた。

久しぶりに聴くまで、アルバム冒頭から〈Maiden Voyage〉がアコースティック・ピアノではなく、エレクトリック・ピアノだったのは忘れていた。うわんうわんというヴィブラートで、この記憶を故意に忘却、いや、抑圧していたのではないか、などとおもってしまった。

公演は一九七六年。V.S.O.P. は評判だった。東京でもコンサートがあったけれど、出向く機会はなかった。

フュージョン全盛期に、一九六五年のデビュー・リーダー・アルバムから〈Maiden Voyage〉と〈Eye of The Hurricane〉を「再現」し、せいぜい十年という自らの軌跡を「歴史」的に捉えかえしたという意味で、このコンサートは重要だった。

〈Maiden Voyage〉におけるメイン部分の、凪ぎと、ちょっとした波のそよぎのようなスタティックな部分。各人のインプロとともにむかう大海の揺れ、ダイナミズム。後者の、二本のホーンのヴォイシングとリズムとアクセントの展開。そのあたりから〈Toys〉〈You'll Know When You Get There〉の、各楽器とその音色を組み合わせのセンス。よりファンキーになる〈Hang Up You Hang Ups〉〈Spider〉でのリズム。

パーカッションもひびいているが、ギターを二人でやっていて、「ポリ＝リズム」がつくられ、グルーヴが生まれる。

みごとなエレクトリック・ベースのラインはポール・ジャクソン。拙著『アライヴ・イン・ジャパン』(青土社)に収める外国人ミュージシャンのインタヴューを、ジャクソン氏ともしたいとおもったが、スケジュールがあわず断念。残念だったなあ。

ハービーの変遷を一晩でたどるV.S.O.P.、多くのひとが熱狂していた。それにはノリきれずにいたが、久しぶりに聴いてみると、いや、ノリきれずにいたなどというのもまた、記憶の捏造とわかる。かなりこまかいフレーズまで「知って」いる、記憶しているのだ。ここでトニー・ウィリアムズのドラムがカツン、カツンとなって、ハービーは右手と左手を交叉させるようなパッセージを数回くりかえす。ここでワゥワゥ・ワトソンのギターが、その名のごとく、ワウ・エフェクターでリズムをとり始める。とか、とか。耳は記憶を追認するように聴いていく。

はじめは(ピアノはエレピだけれど)アコースティックなサウンドだったのが、曲が進むにつれてエレクトリックな楽器が増え、ファンキーに。

よく構成されたコンサートだ。ハービーに才能があるのもわかる。聴きこんで、サウンドに心身を馴らしもした。でも、どこか、距離を感じてもいる。どうしてだろう。この解明は……いまだにできない。

「いま」の音楽を感じ
リターン・トゥ・フォーエヴァー『light as a feather』

エレクトリック・ピアノで、《アランフエスの協奏曲》のテーマが弾かれる。ヴィブラートのかかった音が消えて、一息吸うと、速いテンポになってイントロ、経過句がはいり、メイン・パートへ。リズム・セクションのうえにフルートが、女声ヴォーカルが、ラーシードーレ……と上がって、ちょっと下がる三連符のメロディを。この三連符が気持ちいい。ラはアウフタクト、前の小節の最後からはいって、リズムは四拍子をきざんでいる。ずれるようなかたちで三つ、六つの音が重なってゆく。

ピアノを弾くと、ショパン《幻想即興曲》の、左／右の4：6とかはまるでダメだが、聴いている分には、昂揚しながらリラックスし、涼しい風を感じている。女声ヴォーカルには詞がなく、ヴォカリーズでフルートとおなじ音域で重なったり、ずれたりする。魅力だった。新しい、「いま」の音楽だ、と認識したのははじめてだったたかもしれない。

ベニー・グッドマンやグレン・ミラー、あるいはデューク・エリントンは知っていた。『ベニー・グッドマン物語』や『グレン・ミラー物語』はTVでも放送され、音楽にも親しんだ。『五つの銅貨』には涙した。母は結婚前だったのだろう、すでに映画館で観ていたから解説を加えてくれた。《シング、シング、シング》や《茶色の小瓶》は、いまの若いひとは別に、どこかで耳にしたことくらいはあるだろうから、親しむもなにもないとはおもうけれど。あ、そうでもない？『スウィングル・ガールズ』？　これとてもうひと昔前の映画か。

リターン・トゥ・フォーエヴァー、白い鷗が飛ぶ有名なジャケットの一枚目から次作まで、あまり月日は経っていない。でも、実際一枚目を聴いたのはずっと先。やはり「アランフエス」にひっかかったのだろう。どこで耳にしたのだったかは記憶にない。

一九七二年のアルバムだが、《スペイン》はシングル・カットされ、それを買った。チック・コリアなる人物がキーボードを弾く姿を斜め後ろくらいから撮影したジャケットだった。小学六年だったとおもう。ビートルズのシングルEPとか、当時はしばしばあった17センチLPで、ドビュッシー(ジョージ・セルのソニー盤)《海》とかを買ったが、いわゆる「ジャズ」で最初に買ったのはこれ。

エレクトリック・ピアノの、ふつうのアコースティックなピアノとヴィブラフォンの「中間」にあるような音も、それまで意識していなかっただけに、ちょっと夢幻なものを感じ、惹かれた。それに、チックがインプロで細かい音符を弾くひとつひとつの音が粒だっていた。指が鍵盤を上から叩いているな。フェンダー・ローズ・ピアノにふれ、鍵盤の重さに愕然とするのは三年くらい先のこと。

《アランフエスの協奏曲》の作曲者、ホアキン・ロドリーゴが来日し、夫人とともにピアノを弾くのに接するのはおよそ三年後(「ロドリーゴ・フェスティヴァル」があった！)。そのロドリーゴが村治佳織とむきあっているTV番組を見るのはさらに四半世紀後のことである。ロドリーゴは一九九九年に、チック・コリアは二〇二一年に世を去った。

そこに即興などなかった！
ウェザー・リポート『8:30』

ウェザー・リポートの活動期は十代から二十代に重なっていて、そこそこ聴いてはいた。いまになっておもいかえせば、ほとんど「何もわかっちゃいな」かった。同時代のさまざまなフュージョン系ミュージシャンとは違ったものを感じていた。複雑なことをやっているとわかったし、演奏技術も、作品のつくりも、唸らせられるものがあった。

そんなのは序の口である。山下邦彦が徹底インタヴューをジョー・ザヴィヌルに対しておこなった『JOE ZAWINUL on the creative process——ウェザー・リポートの真実』(リットーミュージック)を読むと、驚かされることばかり。ザヴィヌルによれば、即興などなかった、なんて言っているのだから。ザヴィヌル自身が即興的に弾いたのをあとで楽譜におこし、メンバーにやってもらった、と。自分が即興したものだから、これは楽譜にしても、即興なのだという不思議なロジック。ううむ……。じゃあ、いま、もっと「わかった」かといえば、どうなのだろう。やはり「ううむ……」ではないだろうか。

来日は一九七八年。この年三月に高校を卒業。つまりは、浪人生活、というか、音楽をやっていこうとひそかにおもっていたから、自分のなかの音を考えるいがいしていなかった。誰が来日しているか、どんなコンサートがあるかも、知らなかった。アタマのなかには五線紙と音符という抽象的なモノが、音楽のほとんどで。この来日は、雑誌「カイエ」八月号、安原顯の「思わずのけぞったウェザーリポート体験」を読んで知った。(スーパーエディターこと、故安原顯、ヤスさんの名は小学校の高学年の頃から知っていて、というのも、「レコード・マンスリー」なるレコード屋さんがタダでくれる雑誌「いまでいうフリーペーパー?」に、「現代音楽評」を書いていたから。七年か八年後、本人にそんな話をして、盛り上がったこともある。晩年まで可愛がってもらったっけ。でも、ヤスさんのことを書くと長くなるからやめよう。)

ちょっと脱線。その七月、フランスの作曲家、オリヴィエ・メシアンが来日して講演をおこない、それには出向いた。バックヤードには、黛敏郎、別宮貞雄といった大家だけでなく、加古隆さんがいた。そうだ、加古さんはメシアンに師事したんだ! と気づいたりしたのだったが。

オーケストラを中心にした『ストーリー・オブ・ザ・ドナウ』がリリースされたとき、ジョー・ザヴィヌルにインタヴューした。ただ一度の出会い。通訳は丸山京子さん。担当だった別府明子さんらと、販促物の帽子をかぶって写真を撮った。

オーケストラの融通のきかなさ、タテノリのあわなさ、とか、これは「オーケストラのための音楽」ではあるけど、クラシックや現代音楽として書いたわけじゃない、とか、通常の鍵盤は左から右に音があがっていくが、左から右へ下がっていくのを開発したことがある、とか、激しくではないが、丁寧に話してくれた。そのザヴィヌルももういない。

『8:30』は、ライヴとスタジオ両方で構成され、前者が一九七八年の八月から十一月、後者が一九七九年二月から六月の録音。つまり、日本の公演が同年の六月から七月らしいから、すぐつづいて録音があり、そのノリや空気のなかで制作されたと考えることもできる。

〈ブラックマーケット〉〈バードランド〉〈ブギウギ・ワルツ〉といったWRスタンダードのみならず、〈イン・ア・サイレント・ウェイ〉まではいっている。カネのない身にはお得感があった。ジャケットも、コンサートを前にして、会場の外にならんでいるというポップなイラストで、それまでのアルバムとのデザイン的な違いも目立った。

二枚目をよく聴いた。はじめに〈バートランド〉があって、ショーターのみごとなソロが、バンドそのものがみごとに「オーケストレーション」されている醍醐味があり、〈バディア〜ブギウギ・ワルツ・メドレー〉とか〈サイトシーイング〉

の、徹底して立体化されたスピード感、ドライヴ感にイカれた。ジャコ・パストリアスはスゴいとおもう。ＷＲでなら、ミロスラフ・ヴィトウスがいたときのほうが、全般的には好みだった。ジャコは、後にビッグ・バンドを率いて来日したとき、ピアノの代わりにスティール・ドラムをいれるようなセンスに感心したし、そのときのほうが楽しそうでもあった。

ドラマーのアルフォンス・ムザーンやエリック・グラバットは、ＷＲでは縁の下の力持ちだったが、この二人、おなじピアニスト、マッコイ・タイナーと共演している。前者は『Enlightenment』、後者は『INNER VOICES』。多分にマッコイ・フリークだった十代、二枚は大きな位置を占めていた。逆に、ＷＲは「彼らが通過したところ」でもあった。奇妙なおもいいれなんだが。

多様なアメリカ、変化するアメリカ
クインシー・ジョーンズ『smackwater jack』

『鬼警部アイアンサイド』をTVでみたことはなかった。なぜかはわからない。親たちがほかの番組を見ていたからか。主導権はあくまで親にあった。ひとり一台の時代ではなかったし。うちでは『アイアンサイド』ではなく、『刑事コロンボ』を見た。後には『刑事コジャック』。『スタスキー&ハッチ』というのもあった。十代の終わり頃、ミシェル・フーコーの写真をみて、「あ、コジャック！」とか、ずっと写真の公開をしなかったジャック・デリダが、一九八〇年代半ばに来日して講演に出向いていったとき、「あ、刑事コロンボ！」とか、おもったのもいまは遠い話だ。

『刑事コロンボ』のテーマは《ミステリー・ムーヴィーのテーマ》といい、ヘンリー・マンシーニがスコアを書いている。『シャレード』『ピンク・パンサー』のマンシーニの名は、番組を見ていたときから気づいていたかどうか。中学生のときそこまで気にしていたかどうかはわからない。『アイアンサイド』も『コロンボ』も、作曲家は違えど、テーマ曲にシンセサイザーを効果的に使っている。ロックとは違う。前者はパトカーのサイレン、当時この列島ではまだ「ウ〜〜〜」だったような記憶があるが、アメリカでは、四度か五度の音程でポルタメントするちょっとイヤな音で、それが『アイアンサイド』では緊迫感を生む。ブラス・セクションによる不協和音をつかったファンファーレ(的なもの)も同様。対して『コロンボ』では、おだやかでのびやかな、如何にもマンシーニらしい――らしい、というのは奇妙な言い方だ――もので、ヴァイオリン群とシンセサイザーが応答しあう。

いまはネットでさまざまなアメリカのTVドラマがながれるが、かつても子どもたちはそうしたものを熱心にみていた。『バットマン』『宇宙家族ロビンソン』『謎の円盤UFO』『スパイ大作戦』『宇宙大作戦』『チャーリーズ・エンジェル』『ワンダーウーマン』……。テーマ曲はほぼ記憶にある。『サンダーバード』のように、もともとはインストゥルメンタルなのに、こっちでの放送にはうたがついてしまっているのもあった。

楽譜がまわってきたとき、題名も知らなかったし、作曲者も知らなかった。《Ironside》であり、「Quincy Jones」である。中学三年生のとき。

ベイシーやエリントンとならんで、この曲が学園祭の中心的な曲目になるという。しかも、ピアノでリズムをきざむ以上に重要な役割があった。シンセサイザーである。「パトカー」をやるのだ。シンセもはじめて。そもそも学校の備品ではない。先輩――キースの『Solo Concerts』を買いとってくれと言った、現・高名なミュージシャン――が家から持ってきたKORGの。楽器というより機械の印象がつよかったけれど。

一九七〇年代半ばのシンセサイザーは一音しかでなかった。アナログだから、あらかじめ設定しておいても、ちょっとの加減で狂ってしまう。あの音はここと あのスウィッチをON、目盛りはここがいくつ、と記憶し、念のためメモもしておく。それでもならしてみるとまるで違ったり。ほんの少しの違いが命取りだ。これでサイレンの音をだす。ちょっと緊張。

ドラムスのリズムがあって、アクセント。

サイレンがぴーぽーぴーぽー、と四度が五度でポルタメントすると、ブラス・セクションがファンファーレのように不協和音を。後々TVのスクープシーンで、ブリッジ音のように使われるようになった。そして、ベースが、ソ―レ、ソ―レ、ソ―レ、ソ、ド~レ、とくりかえし、サックスとブラスがのってゆく。エレクトリック・ピアノもリズムをきざむ。
クインシーは、《愛のコリーダ》と、大島渚の映画タイトルをそのままとってディスコ・ミュージックにした。海外では流行らなかった曲だったが、列島ではウケて、多くのひとに認識さ

れた。コーラスが「あ〜いのこりだ」とそこだけ日本語。飯田橋＝九段下の男子校では、いちど自宅に戻って、着替え、服をキメてディスコにくりだす連中もいて、クインシーはアース・ウィンド・アンド・ファイアなどとならんで王様（のひとり）だった。

クインシーの名は知らずとも、そのサウンドは耳にはいっていた。気づくのはいつもあと。『ビッグ・バンド・ボッサ・ノーヴァ』もそう。《アイアンサイド》を収めた『スマックウォーター・ジャック』はもはやジャズのアルバムとは言い難く、いろんなジャンルというかスタイルの音楽が混在する。タイトルにとられているのはキャロル・キングの曲だし、マーヴィン・ゲイの《ホワッツ・ゴーイング・オン》もはいっている。参加ミュージシャンにはフレディ・ハバート、エリック・ゲイル、ボブ・ジェームス、ジミー・スミス、モンティ・アレクサンダー、トゥーツ・シールマンス、といった名が。豪華だが、はっきり商業主義路線。

一九八〇年代にはマイケル・ジャクソンの《スリラー》があった。東京モード学園のCFでもながれた〈ソウル・ボサノヴァ〉は、九〇年代末『オースティン・パワーズ』で甦った。二十一世紀になってもCMではたまにつかわれているらしい。そのあいまに、モントゥルーでの『マイルス・アヘッド』再演ライヴで指揮するのを見掛けた。気づかぬうちにクインシー、ってこともあるはずだ。クインシーのおもしろい、ただ自分だけの文章ではなく、他のひとの証言が加えられ、立体的に構成されている自伝がでるのは二十一世紀になってから。

『鬼警部アイアンサイド』はいまだに見たことがない。あの音楽を学校のクラブで演奏したことで、「アメリカ」ぎらいの少年は、ほんの少し、アメリカの多様さ、アメリカの変化してゆくさまに触れたような気になった。ベイシーやエリントン、あるいはロックではない、ビッグバンドの音楽がＴＶに使われてしまう国、と。

ヨーロッパから「東」
デューク・エリントン『FAR EAST SUITE』

エリントンが来日した姿をＴＶでみたのはいつだったろう。小学生だったから、一九六〇年代の終わりから七〇年代のはじめだ。声楽家の立川清登が司会するＮＨＫ「世界の音楽」はよく見ていて、調べてみると、一九六八年一月から七四年三月まで番組があったようだから、記憶とあまりずれていない。《極東組曲》、作曲はもっと前。

エリントンのオーケストラは一九六三年に中近東を中心とするツアーをおこない、翌六四年には来日もして「旅程」を完遂、二年後の六六年十二月に録音となる。世界中を演奏旅行してきたエリントンゆえの音楽旅行記で、二十世紀後半、ジャズによるエクゾティスムと言えなくもない。それが全体を臭くしていないところがエリントンの才能だし、歴史認識なんだろう。

当時、中国、毛沢東が生きていた時代の中華人民共和国（文化大革命期）や、韓国／朝鮮（第三・第四共和国期）にはツアーには行けないだろうし、東南アジアも同様。この列島が最果ての地のような。

「極東」ということばがわからなかった。言い換えると、このアルバムではじめて目に、耳にして意味がわからなかった。地理は苦手で、世界地図など連想できない。わかるようになったのは随分後。いまはわかるけれど、いやな気分でもある。何が「東」の「極」だ。地球は丸いのに何言ってんだ。そんなことを言いつつ、わざと、極東の列島と、いま住んでいるところを呼ぶのだが。

エリントンは長髪をアタマの後ろで縛って丁髷のようだった。奇異に見えた。グループサウンズがTVの歌番組に出始めていたが、彼らの長髪はしっかり長髪とわかるもので、そういう格好をしてはいけない、長髪だとNHKにさえ出演できないと言われたりした時代だ(ほんとうかどうかは知らない。もしかすると都市伝説?)。エリントンは長髪ではあっても結んでいるからわかりにくいし、NHKに出演している。母に尋ねたものだ、エリントンはNHKにでられるの? さあねえ、外国人だからねえ、との返答。

冒頭、《旅行者の眼》を聴き始めれば、うきうき感が伝播する。テナーのソロのうえに重なっている複数のフルート、一瞬だけはいるシンバル。バリトンで、ちょっとだけ通過しては消えるオリエンタルなモード。叫びあげるような、でもきっとミナレットから街中にひびくアザーンの声を模したとおもわれるトランペットのハイ・トーン。このハイ・トーンは《ブルー・ペッパー》でも聴ける。《デリーの青い鳥》でのクラリネット・ソロがとる鳥のうた。

《アグラ》での、何とニュアンスの豊かなバリトン。

《アドリブ・オン・ニッポン》では、尺八をフルートに、箏をピアノにとわりふった――というようなことが油井正一のライナーノートに書いてあり、ふうむと納得しつつ、いまではむしろ、この五度をとりながらぽつぽつと弾かれて、高音の最後が半音ずれるピアノのソロはモンクじゃないか、とおもったり。このピアノとからむジョン・ラムのベースはすばらしい。

ゆっくりしたこのパートの後、テンポ・アップしたオーケストラのアンサンブルはアルバムのエンディングを飾るカタルシスへと。クラリネット・ソロも聴きごたえ充分。この曲がアルバム中もっとも長い。

一八九九年生まれのエリントンは六十七歳。当時、半世紀前の六十代は、いまとは違う。かなりの老体とみえなくもないが、大家は矍鑠としていた。亡くなるのは七四年だからまだ八年もある。いわばエリントンの「第三黄金期」。かつての名手とはまた違ったテイストのメンバーはこんなふうだ。トランペットにはクーティ・ウィリアムズ、マーサ・ウィリアムズが、アルトにジョニー・ホッジス、テナーにポール・ゴンザルヴェス、ジミー・ハミルトン、バリトン／バス・クラリネットにハリー・カーネイが。ううむ。ここにある音の、サウンドの豊穣さはどうだ。

ちなみに、穐吉――当時は秋吉――敏子が「日本」的な素材をとりいれながらアルバムを作り始めたのは一九七〇年代。『孤軍』(一九七四)『ロング・イエロー・ロード』『花魁譚』(一九七五)とエリントンの『極東組曲』からそれなりに時間が経ってからのリリース。

エリントン・オーケストラのひびきは美しかった。いま聴いても美しい。

なんでこんな音がするんだろう。

小学生だったけれど、エリントン、カッコいいとひそかにおもっていた。そんなことを言うきっかけはなかった。

中学生になって、住んでいるところから幾つか先の駅にある図書館で、武満徹『音、沈黙と測りあえるほどに』を借りて、読んだ。難しくてわからないところも多かったが、著者が、エリントンを評価して、自分が間違ってはいないのだとお墨つきをもらえたような気になった。

この本ではなかったかもしれないが、アメリカに行ったとき、誰かに作曲を習えるという話をされたとき、武満徹は、ならばエリントンにと言ったものの、果たされなかったと語っていた。エリントンはメンバーに合わせてスコアを書き換える、ときには楽器名の代わりにメンバー名が書いてある、というようなことも、武満の対談集か何かで読んで、ひとりひとりのミュージシャンの音、キャラクターと切り離せない音ということを認識したりした。武満徹は、何十人もいるオーケストラのメンバー、ひとりひとりに「うた」を書きたい、というようなことも書いていて（間違っているかもしれないけれど）、じーんときたおぼえがある。だからこそ、エリントンの名と音楽は、武満徹の名とも結びつきながら、ずっとひびきつづけた。

混血性／混合性、スタイルとしてのジャズ
秋吉敏子＝ルー・タバキンビッグバンド『LONG YELLOW ROAD』

女性の甲高くも力強い声がのびる。

「かん」「ちょろ」「りん」と、鋭い音がそのまま「あ」音となってのび、ch音もまた鋭いが、「お」の柔らかさ、「ろ」のまるさとつながり、さいごはlがやさしいのに、iのきつさにつながって、鼻のなかでのびる「ん」でまとまりがつく。

相馬地方の民謡で、声はライヴではテープでながされる。ここでまずぐっとくる。

伝統主義者ではないのに、こういう声はどこに行ってしまったのだろう、とおもう。

つづく五拍子。ペンタトニックの下降アルペジオが複数のフルートで降るようにひびくなか、サックスがメロディを奏で、インプロへと進んでゆく。タイトルは、「かんちょろりん節」ではなくて、《Children in the Temple Ground》。

そうか、お寺の庭で子どもたちが遊んでいる——ちょっと違うようにはおもうのだけれど、まあ、そこはご愛嬌。

英語表記された「イメージ」と、日本語訳したときの「イメージ」、そして、音楽が醸しだしてくるもの、それらの葛藤がおもしろいといえばおもしろいし、つらいといえばつらい。

秋吉敏子――近年はもっぱら正字の「穐吉敏子」と表記――の名は知っていたが、音楽を聴いてみようという気になったのは、武満徹との対談を読んだから。秋吉は対談のなかでとても恐縮しながら武満と話すのだが、お互いの作品に対する敬意が伝わってくる。武満はさらに、秋吉作品のなか、日本の音楽がそのままスムーズにジャズに変わってゆくことを褒めていたようにおもうけれど、もしかしたら記憶違いかもしれない。武満の音楽に、文章に私淑していた身としては、このひとが評価するのだったら聴くべきと考えた。二人、年齢は一つしか違わない。武満のほうが下だ。しかも、二人とも大陸での経験がある。

両親と同世代という意識もあり、はなれてはいても、何かを教えてもらうというところもあった。

『ロング・イエロー・ロード』。冒頭の標題作も良かったが、どこかふつうのジャズだなとの印象があった。

サックスがフルートに持ち替え、ブラス・セクションとコントラストをつくり、交差し、いろいろな色合いをつくってゆくところにビッグ・バンドの醍醐味、新鮮さを感じた。

ビッグ・バンド的な環境に身をおいたことがわずかなりともあったが、そこではエリントンとべイシー、あるいはクインシー・ジョーンズというところだった。

この一九七五年録音のアルバムを買って、なぜ前作『孤軍』を買わなかったかというのは、謎である。ひとつ推測できるのは、孤軍というコトバに引っ掛かったせいではないか。つい最近まで、勝手に「狐軍」だとおもい込んでいた。すごいなあ、狐が群れをなして、軍隊みたいになっているというイメージの曲なんだ、と。

これはコワい。そんな音楽は聴けない。それよりもっとポエティックな、「長い黄色の道」のほうがいい。きっと中国の、果てしない黄土の道、水平線はるかまでみはるかす道なのだろう。「孤軍」とか「花魁譚」とか「すみ絵」とか、日本の何かにひきつけたタイトル。民謡を能を部分的に使うことも。でも、その「日本」へと重心が傾きはしない。軸足はジャズであり、西洋的な音のつくりにある。中国大陸で育って、日本の文化も心身に浸透している、そのうえで外来のジャズに、ヨーロッパ音楽とアフリカの音楽が混じり合ってできた混血性に引っ張られ、そこに降り立ちながら、なお、元のところも気になるし、自分なりにアウトプットしていきたい、そのまさにさまざまな混合性が、ただスタイルとしてジャズをやっている、むしろ自分たちのあたりまえの伝統としてジャズをやっている連中より、はるかに「ジャズ」

だったりするか。

あらためてジャケットを眺め、プロデューサーが、現在カメラータというクラシック中心のレーベルの社長の井阪紘さんと気づく。

二〇〇四年、ブルーノート東京で、オーケストラのラスト・ライヴを、はじのほうに立って聴いていた。

脱・現代音楽貧血症的存在証明
水野修孝『JAZZ ORCHESTRA '75』

いつ、どこで知ったのか、記憶にない。いつしかLPを手にし、聴きこんでいた。これこそが「いま」のビッグバンドだ！　とのおもいとともに。

タイトルのとおり、作曲と録音が一九七五年だから、中学生の終わりくらい。ＬＰには冒頭部から数十小節分のスコアがついていた。

アップ・テンポの4ビートを8小節、ベースとドラムスがきざむ。その8小節目の三拍目の終わりから四拍目にかけて、コンガが。

イントロが終わって、ブラス・セクションがテーマを奏でる。

サックス・セクションも負けてはいない。ブラスがマングースなら、サックスはハブ。ぐぐっとつよい力でうねり、シャーっと威嚇する。

渡辺香津美のギターがノイズィにわおんわおんと重なる。迫力だ。

ビッグバンドもどきの「クラブ活動」から足を洗ったところで、古風なジャズと、プログレッシヴ・ロックとフランス近代音楽とを併行して探っていた時期。

伝統的な、と呼んでいいのかどうかわからないが、小学校から高校まで一貫した学校だったから微温的な雰囲気ではあった。自分のいた学年は中学→高校の進学がやけに厳しくなった。二学期の終業式の日、夜までに電話がかかってきたら、アウト、高校には進学できない(あの日、学校の帰りに、赤坂にある楽器屋で楽譜のセールに寄った。プーランクのチェロ・ソナタが数百円だったのをおぼえている。それを見ながら、炬燵にはいって、とろとろと寝入った。目がさめて、母に、電話、なかった？　と尋ね、ほっとした。高校受験はしなくて済んだ、と)。

さんざん教師に脅された。

年が明け、三学期になると、あるクラスの半分近くが進学できないことになった。校庭に四クラスがならぶと、このクラスの列だけ妙に短い。ストレートで高校に行けるとおもっていた同級生たちが、一斉に受験勉強を始め、学校に来る余裕がなくなった(とかげのしっぽはいくら切ってもはえてくる、と言った教師を憎んだのは、ひとりだけではあるまい)。だから、と言っていいのかどうかわからないが、みんな少しその頃は、グレていた。

水野修孝の作品は、わからなかったが惹かれた。NHK交響楽団が演奏した《オーケストラ'66》は、FMの放送をカセットで録音――マイクをスピーカーに近づけて――し、何度も聴いた。オーケストラという巨大な媒体をつかった音の運動とヴァイタリティ、途中で、Yah! と楽員たちに叫ばせてしまう「前衛」性。近年の九〇年代以降の大きな《交響曲》は、ううむと唸ってしまうところがあるものの、それはそれ、大昔のはなし。七〇年代、「現代音楽」の貧血症から抜けだそうとジャズの、ビッグバンドのヴァイタリティこそが水野を捉えていた。

《ジャズ・オーケストラ'73》には「現代音楽」臭がところどころにみえたけれど、《'75》は二部構成、対照的な音楽スタイルを持つ。後半部は日本の民謡風で、前半のアップ・テンポとは異なり、ミディアムで進むヴァリエーション。エレクトリック・ピアノの音がときおり流れ星のようにすっと光り、余韻をのこしながら、消えてゆく。

ライヴの初演はジャズのコンサートではなかった。いまもつづいている「現代音楽協会」、略して「現音」のコンサート・シリーズで、アフリカの作曲家の作品とか数作品と一緒だった。プログラムの最後におかれたのが、水野作品。同級生も何人か聴きに行ったが、渡辺香津美は、何年か下の中高の後輩たちが制服を来て客席にいたのに気づいただろうか。

世紀が変わり、水野作品がCDで復刻され、渡辺香津美さんのコンサート・プログラムに原稿を書くようになり、なんて、当時は知る由もない。

大気を攪拌する声と楽器
沖至『幻想ノート』

『幻想ノート』をなぜ手にしたかといえば、吉増剛造の朗読がはいっていたからだ。

偶然レコードを発見する何年か前、四、五歳くらい年上の慶應の大学生と話す機会があった。友人の友人、の兄さん――ややこしいな――で、どうしてそんなことがあったのか、もうすっかり忘れてしまったが、おおかた、友人の友人(女性)が、兄さんと気があうかもしれない、と会うことを勧めてくれたのではなかったか。どこぞのオーケストラの定期会員で、音楽をよく聴いていて、本もよく読んでいた。はなしをしていると知らない名がばんばんでてくる。あー大学生って! とおもったものだが、その名のひとつに、「吉増剛造」があり、「古代天文台の朗読」があった。

「わかったとかわからないとかじゃないんだ、すごいんだよ、朗読が。」

谷川俊太郎いがい、ほとんど「現代詩」は知らない。知らなかったとおもう。本を探してみようともしなかった。探したけどみつからない、値段が高すぎた、かもしれない。いずれにしろ、詩人の名と朗読行為は記憶に刻まれ、数年後に再会する。

沖至の名は知っていた。演奏は聴いたことがなかった。のちにパリで、神楽坂で、演奏を身近にした。『幻想ノート』が最初だった。

吉増剛造の詩／声がでてくるのはB面の何曲目か。そのトラックに至まで、親しみを感じたり感じなかったりしながら、詩人とジャズ・ミュージシャンのコラボを待ちつづけた。南里文雄の名がでてくるトランペット・ソロ曲があり、ＴＶで演奏するさまをみて記憶した伝説のプレイヤーをかさねた。翠川敬基の名もはじめて知った。

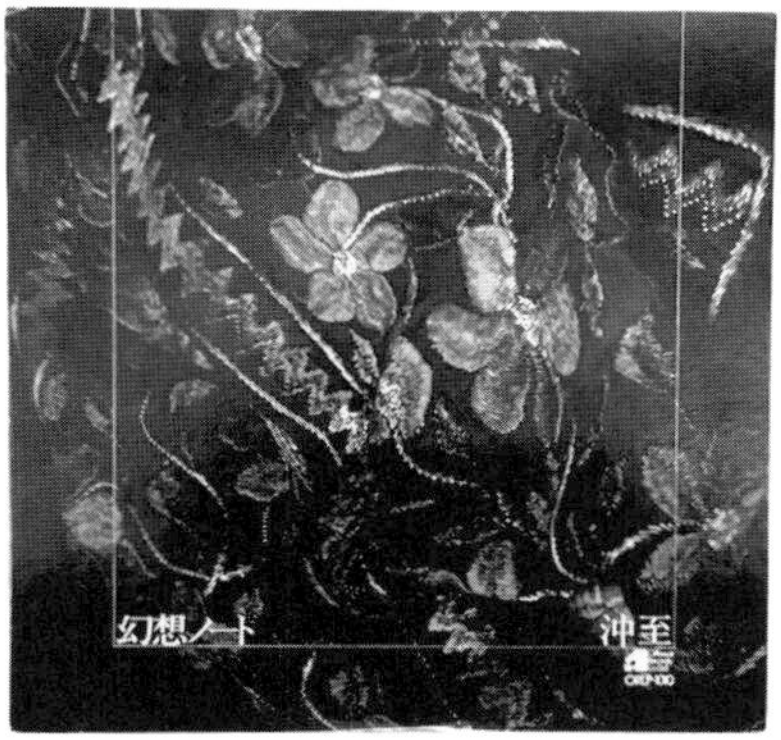

断片的な楽器の音。鞭のようにぴし、っとなる絃のピツィカート。減衰する金属打楽器。ごく短いあいだに急激にクレシェンドし途切れる緊張感。吹きあげる一瞬の破裂音。
　こうした楽器たち、奏者たちのあいだに、「しろがねの」「しろがねの古代天文台に、ゆき〜ふりつもり」で切れる、詩人の、祝詞のような、巫女のような、声がかさなってくる。テンションは徐々にあがり、楽器の音にかき消され、抗い、ときどき声＝音の断片がみえかくれするばかりで意味は脱落し、それでいて、「まこのみどりのまこのみどりの」と急速に唱えられるのに幻惑される。声は声という音＝色として、楽器たちと対抗し、まじり

あい、大気を攪乱する。あれだけの長さの詩が、あっという間に終わってしまうめくるめく時間。紙に書かれた文字は、吉増剛造じしんによってあらためて声として蘇る。書かれた詩は楽譜だ。吉増剛造はこの楽譜をプレイヤーとしてあらためて演奏する。演奏のさまがそのときどきで変化する。ともにプレイしているジャズメンの音・音楽に反応して声が、ニュアンスが、テンポが、うごく。この朗読がジャズだ。沖至の、藤川義明の、翠川敬基の、田中保積の音が、声を、詩を、躍らせる。

こんなものを聴いたあとでは、ふつうの、いわゆる詩の朗読は、縁遠くなってしまう。アナウンサーがよむような、ナルシシックな詩人みずからがようようなのとは次元がちがう。

吉増剛造の朗読は、のち、何度もきいた。「第十八回〈東京の夏〉音楽祭」(二〇〇二)では、アラブの楽器と和楽器とのヤスミン・カルテットと朗読してもらった。依頼したこともある。吉増剛造は気になるけれど、ちかよると危険だ。こんなひとはいない。だから距離をとる。あたまのどこかには、つねに存在がある。

庭園回遊型の時間と空間

富樫雅彦『SPIRITUAL NATURE』

鈴の音が涼しい。
アルト・フルートのシンプルな、拍節のないメロディをひとわたり吹いた後、複数のフルートが重なってくる。

♪ミーソーラードーレーソーラ〜／ラードーレーミーソードーレ〜ミ〜〜／ミ〜ソ〜ミーレ〜／ミ〜ソ〜レ〜／ラードーレーミーソーラー♭シーラーソーミーレ〜／ド〜〜ソ〜〜ラ〜〜〜

太棹のように微妙な間ではいってくるチェロ。
三つの音が速いテンポでくりかえされるベースのオスティナート。
そのテンポに、さっきとおなじテンポでゆったりとペンタトニックがのってくる。
複数の時間が同時にうごいている……。

地元、成増のレコード店の親しい店員さんが教えてくれたのだとおもう。

高校生の頃、レコードを買う店はおよそ三つ。現代音楽だったらArt Vivant、クラシックなら池袋西武、それ以外は地元。雑誌かカタログで、大きくとりあげられていたのを見たような。

かつてはジャズだってそうやって——ジャケットとともに——目を惹いた。富樫雅彦の名は知っていたが、リーダー・アルバムを聴く機会はなかった。『スピリチュアル・ネイチャー』は十人もの大きな編成で、富樫のほかに三人のパーカッションがサポートする。そんなアンサンブルはどんな音がするのか、気になった。

フルートのソロにはいるピアノの鋭いうちこみ。

アルト・フルートは中川昌三。その名は、「現代音楽」方面から知っていた。

アルト・フルートのソロから、数本のフルートのヘテロフォニックなアンサンブルを経て、ふつうのフルートがソロをとる。これは渡辺貞夫。

あらためてナベサダはスゴいと思った。身震いした。あのひとがこんなフルートを吹く、と。

ピアノが、ときに、ひとつ打ちこんでくる「間」のみごとさ。

ペンタトニックのモードを生かしながらのインプロ。

ナベサダはフルートからソプラニーノ・サックスに持ち替える。ほとんど焼き切れんばかりのソロへ。まわりの楽器たちが別の熱量を帯びてくる。テンションが、ががっと変わる。どんどんモードを逸脱し、フラッター・タンギングを多用して。

ソロの終わりあたり、遠くから高音のトレモロではいってくる——フラッター・タンギングに呼応して——チェロのハーモニックスは翠川敬基。何の楽器かわからなかった。それがトレモロから一転、リリックな「うた」に変貌、はじめてこの楽器とわかった。この変化は能の変わり身のよう。


ジャケットの写真。稲越功一が撮ったお堀端。

親しい場所だ。小学校から高校まで通った学校から歩いてすぐだったし、北の丸公園をとおって近代美術館や科学技術館へよく行った。この風景は小学校のとき属していた美術部で、油絵を描きに行った。


カウベルがあり銅鑼がありその他多くの金属打楽器があり、革の、木の音がある。

複数のパーカッションが立体的にひびく。重なりつつ、ちょっとずれたりして、ユニゾンになる木管。サックス族が重なると、雅楽のようでもあって。

自由にピアノが動いているかと思えば、一定して叩かれているトライアングル(?)の音が余韻を残す。合間合間に打ち込んでくる革質の音。高音ですりきれるようにスル・ポンティチェロ(駒ちかく)で弾くチェロが鋭く切りこむ。

わけがわからなかった、それなのになつかしいような、しっくりくるような、リラックスと、緊張感がみなぎるようなのとが同時にあった。

武満徹はあるとき、自分の作品で複数のことを同時に語りたいと言ったものだが、このアルバムにもそれがある。どこに焦点をあわせるかによってきこえてくるものが違う。だから何度聴いても、そのときどきできこえるものが変わる。

武満は、日本庭園をモデルにして、歩いているとおなじ樹木や石が、みるひとの位置によって、姿を変えるとも書いていた。『スピリチュアル・ネイチャー』はそれだった。管楽器があり、弦楽器があり、ピアノがあり、打楽器がある。それぞれが別の時間を持っている。武満が《Arc》や、以後の庭園回遊型作品でつくりだす時間／空間の層が、ここにはもっともっと具体的に、手触りのあるものとして、体現されていた。

清水俊彦のライナーノートを食い入るように読んだ。暗記するほどではなかったにしろ、影響を受けた。このとおりに「聴く」というようなガイダンスの時期もあったか。そうしたことがあっても若いうちはいいのだ、そういうことがあってこそ、批判的な乗り越えが後で出来るようになる。いまではおもう。清水さん、お目にかかったのは晩年で、ていねいに接してくださった。詩集のはなしをすると照れたように、口数がすくなくなった。

のち、二十一世紀になってから佐藤允彦は富樫雅彦のメロディをもとにしたアルバムをつくった。富樫のナイーヴでセンシティヴな感性が息づいていた。誤解を怖れずにいえば、武満の映画音楽にあるようなナイーヴさ、か。一九三〇年代から一九四〇年代に生まれたひとが持ちうる、音楽の、「うた」のかたち。渡辺貞夫にもあるような。

アルバムは一九七五年におこなわれたコンサート・ライヴを中心とする(ごく短い最後の1トラックはスタジオ録音)。『スピリチュアル・ネイチャー』の数年後、フルートやサックスではなく、ブラスを中心とするコンサートがあった。これには出掛けて行き、興奮したのだったけれど、残念、レコードになることはなかった。

『スピリチュアル・ネイチャー』のライヴを、なぜ、わたしは知らなかったのか、なぜ、そこにいなかったのか、数十年経っても、無念さを噛みしめる。

SPIRITUAL NATURE
MASAHIKO TOGASHI

譜面を自動的に読むことへの抵抗
『CANTO OF LIBRA／ニューハード＋佐藤允彦』

現代音楽はいろいろ聴いていた。ジャズのアルバムのつもりだったのに、一聴、これじゃな、と溜息をついた。たんにジャズ・オーケストラという媒体をつかっただけじゃないの？　との疑問は、ぬぐいきれなかった。せっかく買ったのに何だよ、というのが正直なところで。

おなじニューハード、水野修孝の『ジャズ・オーケストラ'73』『ジャズ・オーケストラ'75』は、「現代音楽」のイディオムを持ちつつも、サウンドが「ジャズ」だった(当時のおもいとしては)。だからなおのこと、ジャズ・ミュージシャンだというのにこんなことするなんて、とおもった。

いまおもえば、ジャズを通常演奏する、多くの場合、歌謡曲の伴奏なんかをやっているビッグ・バンドのメンバーは、身体感覚として、楽譜どおりか、ちょっとしたソロ・インプロをやるのがふつうで、そうした心身に向けて、図形楽譜を示したり、他のパートがああしたらこう反応するとか、やらせるのは、意味があったのかもしれない。通常のシンフォニー・オーケストラ、自分のパートをやることに熱心になっている人たちに、そうしたことを求めるのとおなじだったとも言えるようだ。反応は大きく異なっているにしても。異化効果として。

宮間利之とニューハードはよくやっていた。当時も、それからしばらく経っても、多くのビッグ・バンドのなかでは、別格だった。「ニューハード」、強烈なという意味の hard ではなく herd、動物の群れの意である。多くのひとは気づいていたかもしれないが、英語が苦手(高校も大学も第二外国語)の身には、勝手に hard とおもいこんでいた。

一九七〇年に日本ジャズ大賞を受賞。七〇年代後半にレコードを買うときは廉価盤だった。貴重な小遣いを投資しているからと、何回も聴いた。くりかえし聴いたがゆえにわかってくることもあった。どこいらを図形楽譜とかインストラクションで、どこいらでしっかり音符を、スコアを書き、どこいらでジャズのイディオムで、というようなことだ。そこからさかのぼって、水野修孝の『ジャズ・オーケストラ'73』を聴きなおし、それまで楽しめなかったところをべつの聴き方ができるようになったりもした。メンバー各人が音そのものからどう試行錯誤し格闘しているのか、想像できるようになった。

図形楽譜やインストラクションは、偶然性を導入するというだけではない。ルーティンとして音符を「自動」的に読み、発するというのではない、発音への姿勢、アタマと身体をどうつなげるか、というのを、鍛錬する場でもあった。このアルバムにつづいて、『牡羊座の詩／ニューハード＋富樫雅彦』も、一九七一年に日本ジャズ大賞をうけ、そちらのほうが多く聴きこんだようにおもう。パーカッションの音がここちよかったのだったか……。そんないろいろなことどもがわかるようになるまでは時間がかかったのだけれども。

四曲目には、短くはあるけれども、ドライヴするところがあって、お、これは、とおもっていると残念、すぐ終わり。逆にここまで引っ張るところに、作曲の、アルバム制作の醍醐味があるともいえた。その後、五曲目は、すごく小さな音から始まってひたすらにクレッシェンドしていく、現代音楽好きにしてみれば、ほとんど武満徹《アステリズム》の一部を拡大したような作品として聴いてしまったりもして。

ピアノやチェレスタの、佐藤允彦が弾くパッセージは美しい。それまでは佐藤は名前を知っていたが、あまり聴く機会がなかった。このアルバムとほぼおなじ時期に、『サマルカンド』(一九七四)、スティーヴ・レイシー、小杉武久を加えての『ディスタント・ヴォイセズ』(一九七六)、があり、中山千夏の少年のような声質のヴォーカルと鈴木重夫、寺川正興、豊住芳三郎との岡真史の詩による『ぼくは12歳』(名作！　友人と声をあわせて、うたったことがあるのは、あとにも先にも、これくらいだ)が一九七八年と、高橋悠治とのつながりでよく聴いた。

そうそう、先に引いた武満徹《アステリズム》（一九六九）は、高橋悠治を想定して書かれた作品だった。この時期的な近さは、影響というふうに言えるのだろうか？　それともただの勘違い……。

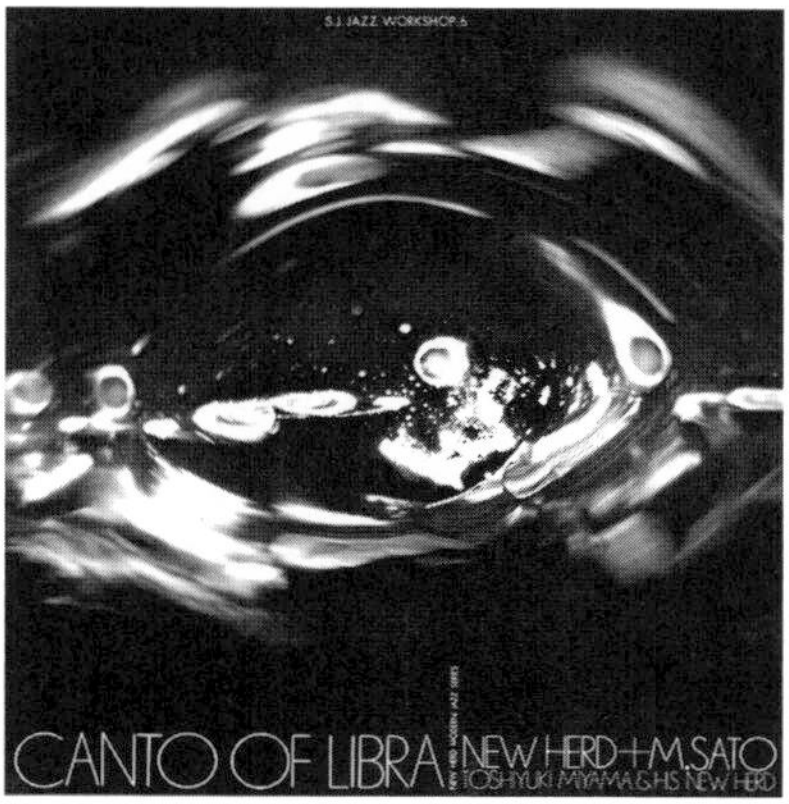

音に刻まれた時代の空気
三木敏吾＋インナーギャラクシー・オーケストラ『海の誘い BACK TO THE SEA』

水滴のようなピアノの音いくつかがあって、だんだんと数がふえてゆき、ぱーっとトゥッティになる。フュージョンがかった8ビートがリズム・セクションで主部が始まり、シンセサイザーがメロディを奏でる。

珍しいと言っても良かったのだろう。いわゆる「ビッグネーム」とはいえない「三木敏吾とインナーギャラクシー・オーケストラ」名の音源がしばしば放送でながされた。

「内的星雲」(?)とつけられたオーケストラ、メンバーは固定的というより、リハーサル・オーケストラで、特殊な編成をとる。トランペットやトロンボーンは備えているが、サックス・セクションはない。ソロの松本英彦がいるだけ。かわりに、木管が多彩。フレンチ・ホルンやテューバ、フルート、オーボエ、ファゴットが加えられ、そのぶんひびきがやわらかく、サックスがセクションで活躍するより音のカラーがさまざまに変化する。

とくに二曲目〈海と空の抱擁〉はよくラジオでもかかっていた。テーマは、木管中心のアンサンブル・アレンジ（トランペットにミュートをつけて、加えている）が絶妙、つづくギターのインプロ、大畠條亮のファゴット・ソロに拍手。木管が速いパッセージで複雑にからむところで、おお！　と感嘆する。こんなのがこの列島でも可能なのか！　と。テナーがばりばりソロをとっているうえに、ブラスがリズムをうちこみ、木管が合いの手をいれるところにも、複数の層／相のうごきに興奮。

ギル・エヴァンス風とでも言ったらいいか。ジョージ・ラッセルに師事したという三木敏吾だから、なのかもしれない。

時代だなあとおもうのは、中富雅之の担当にはミニ・ムーグやソリーナにまじって、ＡＲＰオデッセイなんていうシンセがはいっている。懐かしい。カタログを見るだけで手がでるわけもなく、垂涎ものだったっけ、このシンセ。キーボードを何種類も揃えているのも、アナログの時代だったせいか。

フルートは中川昌三——だとおもっていたがこれは記憶の捏造。いろいろなところで中川さんの名をみていたから、おもいこみである。吹いているのは西澤幸彦。西澤さんは高橋悠治らと水牛楽団もやっていたはずだから、あとになって、ひとがどんなことを併行しているのかを捉えてみると、へえ、と感心したり。

ヴォーカルは一曲だけ中本マリがうたっている。短い出番で残念だが、その分、生きる。あ、終わってしまった……と後ろ髪をひかれる。聴くたびに毎度のことだから、充分効果的だ。

これまた一曲だが、「ヴォイス」という名目で原久美子のクレジットがある。もちろんこれは、一九九〇年代、キャンギャル――キャンペーン・ガールのこと、もう死語だな――とおなじひとではありません、念のため。

ピアノを弾いていたのは今田勝。

一九九〇年代の終わりから二〇〇〇年代のはじめにいくつかクラスを持っていた音楽の専門学校で、今田さんはおなじ日にいらしていた。黙礼だけして、はなしをする機会はなかった。いまおもうと、このアルバムの話でもしておくべきだったな。

録音は一九七八年六月末の五日間。トータルで四十分弱、六曲をこれだけの日数かけられるというのもまた、この時期ゆえの贅沢か。先に、リズムがフュージョン系のかんじだと記したが、メロディも、やはり一九七〇年代後半の、この列島の、である。べつにそのときに耳にしていたからではなく、やはり時代時代のものが刻印されている。

時代の「空気」はたしかにあった

渡辺貞夫『Paysages』

正確に読むなら、「Paysages」はペイザージュで、ペイサージュではない。でも、小学校からフランス語をやっていたというのに、ながいことペイサージュと読んでいた。如何に勉強していなかったのかがよくわかる。家庭教師から、母音のあいだのは濁るんだと教えられて、やっと、である。「pays」という文字があるだろう？　これは何だった？　国とか地方の意味だよね。そうしたところに広がっている、目にはいるもの。それがpaysageで、風景という意味だ。ふむ。そうか。ある意味、間違った読み方をしていたアルバムのタイトルには親しみがある。「風景の発見」という文章を含む柄谷行人の『日本近代文学の起源』を読むのは何年か後のこと。

一曲目はフルート、二曲目はソプラニーノ。

ソプラニーノを吹くプレイヤーは多くない。高く、突き刺すような音を、しかしうまく統御し、アグレッシヴだけど楽しい音楽をつくってゆくのがナベサダである。このアルバムあたりから、ナベサダがフュージョン系へとつながっていくのも予感できたろうか。

一九七〇年代半ばか、ニッポン放送に「百万人の音楽」という番組があって、パーソナリティは作曲家の芥川也寸志と女優の野際陽子。夜遅くの放送で、布団をかぶって親たちには内緒で聴いていた。芥川也寸志が、ラヴェルの《亡き王女のためのパヴァーヌ》を紹介したとき、フランス人の唇の薄い奏者がホルンのマウスピースを云々などというコトバにも、何か憧れにちかいものを感じた。ライヴつきの公開録音があり、渡辺貞夫が出演した。

ナベサダがクラシックをやる。

モーツァルトのフルート協奏曲が、ピエール＝マックス・デュボアのサクソフォンとオーケストラの作品が、アフリカの影響を受けたナベサダの作品のオケ版が演奏された。すくなくとも記憶では。デュボアの曲は難しくって、こんなのを選んじゃったのを後悔したとかコメントをしていたっけ。

アルバムには全五曲を収録、はじめの三曲は各十分を越える。楽器も持ち替える。あとの二曲がおよそ五分。四曲目になって、ナベサダはアルトを吹く。それまでエレクトリック・ピアノだったのが、アコースティック・ピアノに代わる。これは比較的古風なバラード。それまでの曲と感触が違う。

三曲は七一年という時点での「アヴァンギャルド」とは違った意味でのジャズの「前線」だった

ろう。いまだって古びていない。最後の五曲目はふたたびソプラニーノで、エレピ。曲調は元に戻る。でも、とても短いコーダだけはアコースティックのピアノ。これにしびれた。独立した一曲のようだが、静かでありつつ軽やかで、しっとりと聴き手の心身に沁みいる。このピアノ、スゴいな。パーソネルは、菊地雅章(ピアノ)、ゲイリー・ピーコック(ベース)、富樫雅彦(パーカッション)、村上寛(ドラムス)。当時はよくわからなかったが、最強のメンバーか。

もうひとつ、ラジオ番組のおもいで。

ナベサダは一九七〇年代の後半、「マイ・ディア・ライフ」という番組の音楽をやっていた。ナベサダの音楽をながすための番組だった。資生堂がスポンサー、途中作家の虫明亜呂無が、「虫明亜呂無のブラバスエッセイ」というのをナベサダの音楽をバックに朗読する。

そのころはエッセイというジャンルが好きでなく、このおっさんはなんだいとおもっていたが、いまふりかえると、内容より、その声、口調が、じぶんのなかに沈殿しているのだった。

久しぶりに虫明亜呂無を想いだしたが、よく憶えていたなあ——早大仏文の出身で、副手までやったというのは、調べてわかった。「ブラバス」も、いまのひとはどうなんだろう、かつてはいまほど男性用ブランド商品がなくて、さかんに売りだしていた。

その後、クロスオーヴァー、フュージョンなるものがでてきて、ナベサダは、デイヴ・グルーシンやリー・リトナーたちと一緒に演奏するようになる。

『カリフォルニア・シャワー』というい意味で能天気なアルバムでは、ナベサダ、どうしちゃったんだとおもったし、ちょっと気持ちがささくれると『スピリチュアル・ネイチャー』を聴きなおしたりしたのが、いまとなっては懐かしい。やはり時代の空気というのがあった。

中高の六年間に一曲だけ、コンボ・スタイルで演奏したことがある。

中二だったか。サックスを吹きピアノもうまい、人柄もいい先輩から、一曲だけピアノを弾いてくれ、と頼まれた。こっちはジャズなんて弾いたことがない。いや、楽譜のない音楽をやった経験がない。

いいよ、大丈夫。三拍子で、二つのコードを繰りかえしてくれれば。左手でオクターヴ一拍、右手で和音を二拍。一小節ごとにコードを交代させる。先輩はそう言うのだ。結局ちょっとだけ、「なんちゃってインプロ」もやった。

タイトルは教えてもらったが忘れてしまった。ナベサダの曲だったらしいが、いまだ聴いたことがない。

不快ではない嫌いでもないけれど
ジム・ホール『CONCIERTO』

何か、ちがう、と感じていた。嫌いではない。不快になるわけでもない。でも、ちがう、のである。これも「ジャズ」とアタマでは納得している。ジャズ以外のものではないとわかる。にもかかわらず、「ジャズ」と呼ぶには居心地が悪い。

いま「ジャズ」をいくらでも拡張できるアタマとは違う。高校生の、アグレッシヴなものこそ「ジャズ」だとおもっていた心身、コルトレーンの『ライヴ・イン・シアトル』を浴びた耳には、すっとはいってくるし、ああ、デリケートな音楽だなあ、とわかるが、違和感がある、どこかに。若さゆえの原理主義的な、か。

ラジオで聴いたとき長い演奏だとおもっていた。名プレイヤーが焦ることなく、インプロを手渡してゆく。テーマとなっているのは、ロドリーゴの《アランフエスの協奏曲》第二楽章。その意味ではソリストたちが集まって交互にソロをうけわたす「コンチェルト／協奏曲」。

チック・コリア《スペイン》が、マイルス・デイヴィス／ギル・エヴァンス《スケッチ・オブ・スペイン》が、先んじてこのメロディを演奏した。ムード・ミュージック《恋のアランフェス》もあった。どれも「おなじ」素材。

ジム・ホールはエレクトリック・ギターを弾く。やわらかい音色で、アタックがつよくない。それが他のソロにスムーズにつながってゆく。

大きくない編成なのに、ゆったりした、のびやかな感触だ。チェット・ベイカーのちょっとくぐもった音。ポール・デスモンドの息がマウスピースからわずかに洩れ、抑制している音。ローランド・ハナのやわらかいタッチ。ロン・カーターとスティーヴ・ガッドが、ほかのミュージシャンと共演するときとはそれぞれ異なったスタンスでアンサンブルをサポートする。アレンジのドン・セベスキーのセンスを、当時は、よくわかっていなかったような気もする。

チェット・ベイカー、生前、耳にしていたのはこれだけだったかもしれない。没後、ひとのコトバが耳にはいってきたけれど、興味が持てなかった。聴いたこともなかったとおもっていたが忘れていたのだ、このアルバムのことを。

LPでいうB面が《アランフェス》で、A面は三曲。でもA面はろくに聴いたことがない。聴いても飽きた。こういうギターはダメだなとおもっていた。

ジム・ホール、いいかも、と感じたのは数年後に聴いたビル・エヴァンスとの『アンダーカレント』。録音・制作年代は逆だけど。そこがアルバムとの出会いのおもしろさだ。水中に浮いている女性の写真がジャケットになっていて、これは「ハーパーズ・バザー」、一九四七年のトニ・フリッセルによる。のちにアルゼンチン出身の作曲家オスバルド・ゴリホフの『オセアナ』のアルバム・ジャケットにもおなじものがつかわれた。ゴリホフに会ったとき、「『アンダーカレント』……」と言ったら、すぐに反応。「そうなんだよ、ぼくもあとで知ったんだ、『アンダーカレント』のジャケット写真がぼくのにもつかわれている、って！」

　そんなこともあるんだな。そのせいで、『アンダーカレント』をおもいだすと、あわせて脳内にはゴリホフの名もうかぶ……。

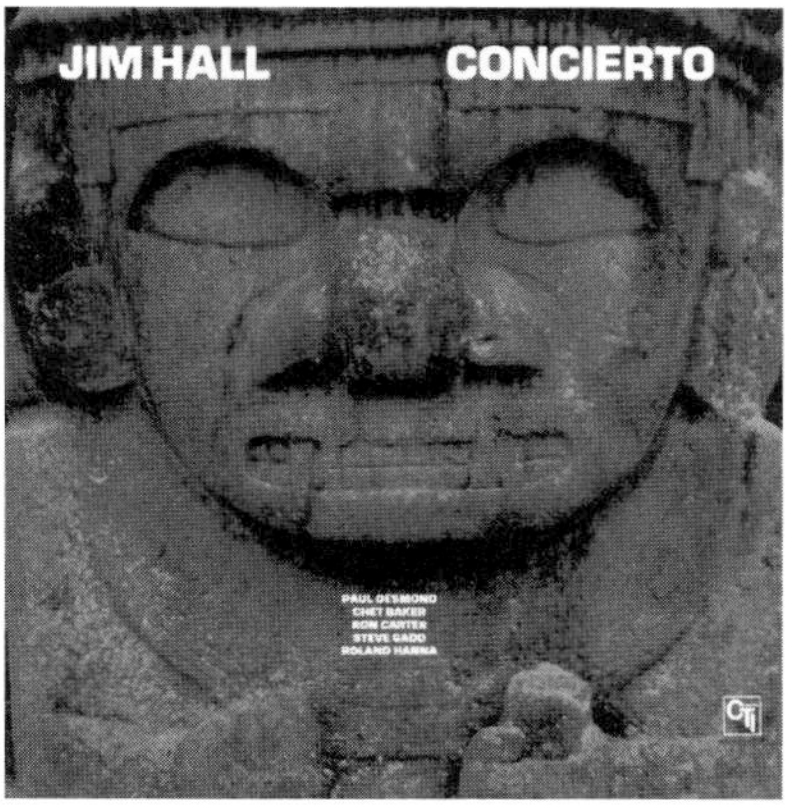

追い求めたものは何だった
『charlie parker with strings』

チャーリー・パーカーの演奏は何枚か持っていたものの、寄せ集めみたいなもので、『ウィズ・ストリングス』が唯一、アルバムらしいアルバムだった。

録音のせいだろうか、ストリングスはうすっぺらい、ちゃっちい音。ハープはまあにしろ、途中でソロをとるオーボエも、リードを薄く削りすぎたのではというかんじ。でも、でもだ、パーカーの自由さは、そんな疑問をふりはらう。アップ・テンポのビートとはべつのリリカルでありつつパワフル、デリケートで骨太のうねりを生んで、《April In Paris》から始まり《I'll Remember April》で締めくくる。

わざわざ「ウィズ・ストリングス」なんてやらなくたっていいのに、クラシック寄りの軟弱な企画なんて、との先入観を持っていた。そんなものかんたんに崩れさる。

ジャズ・ミュージシャンをフロントにたて、ストリングスをつけて、というのはパーカーだけではなく、何枚か制作された。クリフォード・ブラウン、ウェス・モンゴメリー、リー・コニッツ、ミルト・ジャクソンなどあり、のちにとっかえひっかえ聴くことになるが、七〇年代の中高生はパーカーしか知らなかった。

フリオ・コルタサルはさまざまな音楽を愛し、小説のなかにも多くのアーティスト名や作品への言及があるアルゼンチンの——そして長くパリに住んだ——作家だが、短篇『追い求める男』で扱われるのはチャーリー・パーカーをモデルにした人物、ジョニー。

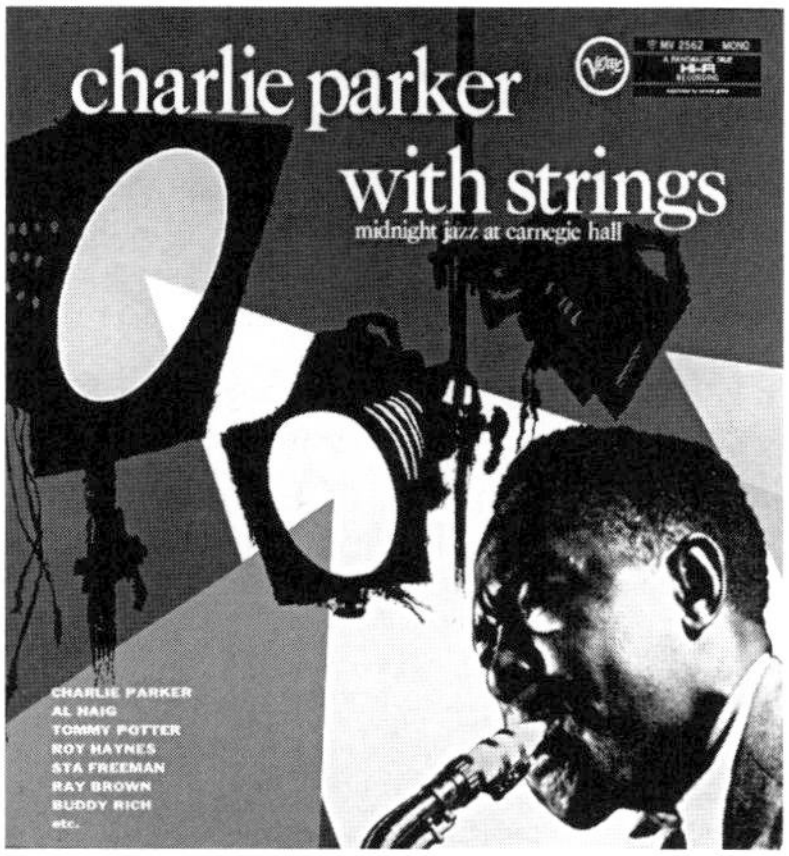

ジョニーは追われているのではなく、追い求めているのだ。彼は生活の中でいろいろな事件に見舞われるが、あれは追いつめられた動物に起こることではない。獲物を追う猟師の身にふりかかる思いがけない出来事なのだ。ジョニーは何を追い求めているのだろう？ それは誰にも分からない。しかし彼は、何かを追い求めている。
（木村榮一訳）

LP以前の時代、録音は一曲数分という時代の録音で聴くパーカー、金属の曲がりくねった管のなかをつよい息が吹きぬけてゆくさまが「みえる」ような演奏と、小説の一節はシンクロする。伝説的なパーカー、クリント・イーストウッドが『バード』で描こうとするパーカー。だけど、「ウィズ・ストリングス」とのパーカーは違う、違うとおもっていた。そんなことはない。これもおなじだ。なんとはなしにストリングスのひびきをまぶされて変わってしまっているようではあるが、サックスは、息は、フレーズのうねりはおなじ。譜面に記されたストリングスのうえ、パーカーは、ここで、この場でやれることを存分に、というふう。リズム・セクションや、となりにならぶトランペットと張りあうのではないありようだ。

ときどき無性に『ウィズ・ストリングス』が聴きたくなる。なぜ、なんだろう。

巧みにコントロールされた自由と秩序
エンリコ・ラヴァ／ディノ・サルーシクィンテット『VOLVER』

不思議だな、とひびき始めたときからおもっていた。

エレクトリック・ギターがうねっているなかから、きこえてくるのは鼻にかかった音色、どこかフォークロリックな線。

バンドネオン？

そうだ、バンドネオン。

静まった後にでてくるのはトランペット、どこか遠くを見晴るかすような、ここだけでは満足していない、距離的に、時間的に、ここでないところを志向するひびき。そこにシンバルのトレモロや、バンドネオンが交錯してゆく。

息の、フレーズの長さが、おもい掛けない、と感じたのは二曲目の冒頭。このジャケット見せてくれる？　マスターに声を掛ける。

この音楽にふれたのは、ほかの文章にでてくるもの、一九七〇年代から八〇年代のはじめにかけて親しんでいたものよりすこし後になる。

池袋のジャズ・バー「ぺーぱーむーん」に毎週のように通っていた。

大学を卒業するのが一九八四年三月。その二カ月くらい前に、一学年上だった友人がキャンパスに遊びにきて、おなじ帰り道の池袋でかるく飲んでいくことになった。

西口をでて、あまり知らない界隈を歩いた。このあたりは立教生のテリトリーだなとおもいながら、「JAZZ」の看板をみつけた。そろそろジャズをうたい文句にする店が減りつつあった。ちょっと気後れはしたものの、エレヴェータを4階まであがった。

カウンターしかない。愛想がいいとは言えない店主。それから四半世紀通うことになるとは。

このアルバムに出会うのは、店に馴染み、週末会社帰りに寄るのが習慣化してからである。日本製のウォッカを飲み、チーズだのウインナーソーセージだの、そうでなければ、カウンターに積み上げてある缶詰をつまみに、三時間くらいねばった。ＬＰレコードからＣＤへの移行期でもあった。

ピアノがはいらない。かわりにギターなのか。だからこそ、バンドネオンか。

店でおもしろいとおもったものがあったらメモをして、ときには買う。大きなスピーカーではよくひびいていたのに、自宅のしょぼいステレオでおなじものを聴いてもぴんとこないこともしばしば。だから、このアルバムもすぐには入手しなかった。

バンドネオンの鼻にかかった音が、ジャズのなかでなっている。へえ、エンリコ・ラヴァ。ディノ・サルーシ。ＥＣＭ。アルバムの録音は一九八六年、リリースは、多分、一九八八年。

一九八九年の夏から、パリにすこし長めの滞在をするのだが、ここでひとつの区切りが個人的にはつくことになるのだから、その前段階の終わりに位置する。

パリではディノの『Andina』のＣＤを毎晩のように聴いた。「Festival Jazz de Paris」で、ディノとジョン・サーマンとのデュオ、ザキール・フセインのクァルテットを一夜のうちに聴き、圧倒された。さらには、ディノが日本に来たとき、一九九二年、はじめて「おっかけ」なるものをして、新潟まで行った。

イタリア人のトランペットとアルゼンチン人のバンドネオンの双頭クィンテットに加わるのはオーストリア人ギタリスト、アメリカ人ドラマー。ベースのフリオ・ディ・カストリだけがイタリア人で、リーダーのエンリコ・ラヴァと重なる。

三曲目〈Luna-Volver〉は、ディノとタンゴの先達、不世出の歌手、カルロス・ガルデルの曲を組み合わせたもの。アルバム・タイトルもここからとられている。このタンゴ・スタンダードのタイトル、Volverは「帰郷」でこれだけはディノがひとりで弾く。バンドネオン特有の、ボタンの音をかちゃかちゃたてながら。東京だったか新潟だったか、あのボタンの音がとてもリアルでと言ったら、ディノは、いいか、このバンドネオンには秘密があるんだ、ボタンにはマイクがついているんだぜ、といたずらっ子の目をして答えてくれた。

全六曲のうち、一、三、四、六曲、すなわち、〈Le But du Souffle〉〈Luna-Volver〉〈Tiempos de Ausencias〉〈Visions〉はゆっくりめのテンポ。ほかの、特に五曲目の〈Ballantine for Valentine〉は、フリーそのものではないながら、フリーを通過してきたつくりであり、サウンドである。

前者では、ギターのソロの後、トランペットとバンドネオンが交互に激しいソロをくりひろげる。アルバム前半では、右手の高音と左手の低音の音色をみごとに配分していたディノは、ここで、あの難しい楽器で、凄まじいパッセージをラヴァとやりとり。アルバム中ではもっとも短いが、それだけに凝縮された熱量が発散される。

ときどき、とてもリリックなメロディを吹くラヴァ。フリー・インプロヴィゼーションを過ぎた後にあらわれると、それだけでぐっと心身が音楽に引き寄せられる。自由さと秩序とをみごとにコントロールしながら、演奏=作品として提示する。ここでのエンリコ・ラヴァは、二〇〇七年だったか、ブルーノート東京で聴いたピアニスト、ステファノ・ボラーニとの、イタリア人同士の丁々発止、ユーモア、天真爛漫と違った顔を、どちらかといえばストイシスムとリリシズムを演出する。だからこそそのアルバム全体が始まって終わるその充実感を味わわせてくれる。

エンリコ・ラヴァとディノ・サルーシ、二人の名を記憶することになる記念碑だった。

音楽の旅の記録
パット・メセニー『TRAVELS』

ジャズ・ギターとは、比較的、遅い出会いだった。ジャンゴ・ラインハルトとか、身近に感じていた渡辺香津美のような存在を除いてだけれど。

母親がクラシック・ギターを弾いていたから、自分ではギターは弾かない、触らない、と決めていた。ひびきから、アコースティックには親しんでも、エレクトリックには故意に接してこなかった。例外は一枚だけ。ジム・ホール『アランフエスの協奏曲』。そのはなしは別項で書いた。

幼少期を除いて、ものごころついてから、ある意味もっとも音楽を聴かない時期は大学在学中——と、この原稿を手直ししているいま——だった。ふつうだったら、一番聴くくらいの時期か。大学時代にはほとんどコンサートにも行かなかった。前売りチケットを買ってでむいたのはフィリップ・グラスの来日公演くらい(行く前に酒を飲み、かなりの部分を眠っていた。なぜそんなことをしたのだったかは、謎)。

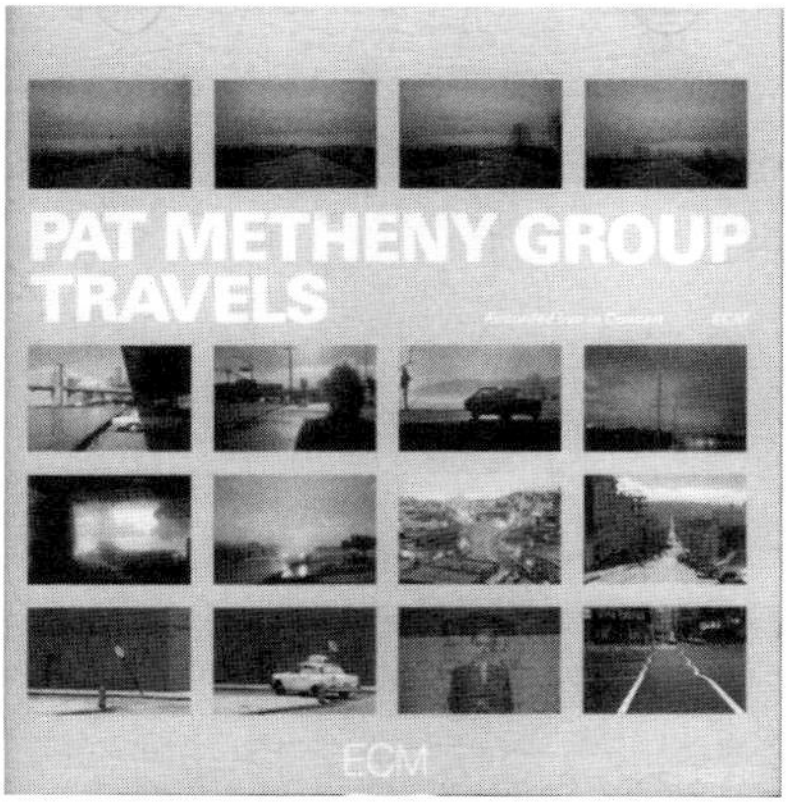

そんなとき、である。高校の同級生で、推薦入学で先に大学にはいっていた友人から、サークルのライヴで、ちょっとピアノで加わってくれないかと頼まれた。コードを弾くくらいならいいけど、インプロはできないよ、もう音楽やってないし、と言ったのだが、いいからいいからと、一度だけライヴにでた。ほかに何をやったかは忘れたが、一曲は《Phase Dance》だった。

パット・メセニーの名は知っていた。ちゃんと聴いたことはなかった。この声がかかったときはじめてちゃんと聴いた。ただ弾きまくるのではない。すごくセンスのいいギターだった。汗を感じない。ヘンな、浮かれたような熱がない。それでいながら完璧で、安定したテクニックでありトーン。世にあふれるクロスオーヴァーやフュージョンの臭みもない。ああ、こういうギターだったら聴ける。ギターという意識なく、音楽としてそのまま聴いた。

キーボードのパートをコピーするのはしんどかった。コピーは苦手なのである。

タイトルどおり、アメリカのさまざまなところでライヴ録音されていた。一九八二年の三カ月にわたっておこなわれたコンサート・ツアーでだろう、こんなふうにある——Dallas, Texas;

Nacogdoches, Texas; Philadelphia, Pennsylvania; Hartford, Connecticut; Sacramento, California. 一種の旅の、音楽の旅の記録だ。ジャズでギターを聴く楽しみを得たのは、これから後。とはいえ、他の楽器に較べると、かわらずしも詳しくないが。

一九八〇年代も後半になり、スティーヴ・ライヒはパット・メセニーを想定して《Electric Counterpoint》を作曲。幾つものパートを多重録音し、ライヴではひとつのパートだけ弾く、ライヒの「Counterpoint」シリーズのひとつだが、特に第三部、メセニーが得意とするコード進行がでてきて、ライヒの曲なのにメセニーの手癖がうかびあがる。これは！　とおもわせられる。こんなところにライヒからメセニーへの、彼らから聴き手へのちょっとした目配せがある。そう考えると、《Phase Dance》というタイトルに、ライヒの六〇年代作品、《Piano Phase》や《Violin Phase》、あるいは《Phase Patterns》を読みとってしまうのだが、深読みにすぎようか。

かつて住んでいるところの近くに、某スーパーマーケットがあった。大抵は店のテーマ曲のようなものをながしているのだが、ごくまれに《Phase Dance》がながれる。はじめてのときには、鮮魚売場の前だったが、立ち止まってしまった。

メセニーもこういうところでBGMになってしまうんだ、と感慨をおぼえたのは、情報＝消費社会にどこかずれている、すでに「古い」心身を持ちつづけているからか。

ギターのトリオって!
『FRIDAY NIGHT IN SAN FRANCISCO』

パコ・デ・ルシアをいつ知ったのかは記憶にない。いつしか大きな存在になっていた。そもそもフラメンコといった音楽で、演奏家が誰、というような認識はなかった。好きなアルバムは持っていたが、ただそれだけで、名を憶えることもなかった。パコは違った。その意味では、凡庸な聴き方しかしていない。

カルロス・サウラがアントニオ・ガデスのフラメンコ舞踊とともにメリメ/ビゼーの《カルメン》を映画化したのは一九八三年。当時はポスト・モダン的なつくりが云々と批判されたりしたが、そんなことはどうでも良かった。カルメンのストーリーがあり、カルメンの音楽があれば良かった。カルメン役のラウラ・デル・ソルが役にぴったり、アツくツメたい美女だ。しかもギターにパコ・デ・ルシアが参加している、ナマのパコが映っている。それに、アントニオ・ガデス舞踊団のメンバーが、踵の厚い靴で木の床を踏みならす音!

当時、ゴダールの『カルメンという名の女』があり、ピーター・ブルックの『カルメンの悲劇』があった。それぞれがいつ上映／上演されたのかは記憶があやふやだ。数年の差はがあったとおもう(カルメンの版権が切れたのだったか?)。

あるひとつの幅のなかで、「カルメン」がはやりという感覚はあったし、ゴダールやブルックとは違った、もっと圧倒的な「自分のこと」として、サウラの、パコのカルメンはあった。

なぜ「カルメン」が一定の人気を博し、わがことのように感じてしまうのか。オペラ嫌いだったのに。だった、というよりいまも得意ではない。でも《カルメン》だけは高校生のときから学生券を買って桟敷席で見た。親しんだ。要するに、あまり幸福な恋愛をしてこなかったからだ。

ジョン・マクラフリンもアル・ディ・メオラも聴いていた。それほど惹かれなかった。エレクトリック・ギターのせいだったかもしれない。エレクトリックの速弾きはあまり熱狂できなかった。ロックでも激しい仕草でテクニックを披露されるとシラケた。それがアコースティックだと違う。おなじ人物なのに違う。しかもマクラフリンとディ・メオラがパコで一緒に演奏する。

パコ、マクラフリンとラリー・コリエルが一緒にやる『カストロ・マリン』も後で聴いたがいただけなかった。なぜかな。

くりかえし聴いた。

ライヴ録音だから、演奏だけでなく、客席からの声や拍手も。速弾きでジャラララララティィラティラティラリラリルララとはいってきて、刹那、おー、っとはいる歓声までも記憶した。

ほとんど口をきかないような女友だちを家に招いたときにもかけたし、会社で嫌なことがあったとき深夜にはヘッドフォンをかぶって聴いた。そのたびに聴き方は違っただろうが、ハイ・テクニックであるからこそ、余計なところに耳がむかない良さもあった。

チック・コリアの《スペイン》での、三つのパートが交わし合うところとか、《ピンク・パンサー》のテーマが、ほんの小出しに、しかも、徐々にはっきりとかたちをあらわしてきて、漸く聴衆が反応する場面とか、おもしろくてたまらない。その会場にいるかのように心身が反応する。ライヴ映像を見たことはないが、きっと、ひとりがソロをとっているとき、ほかの二人はそれを見ながら、聴きながら、余裕でリズムをきざんでいるのだろう。テクニシャン同士であるからこその意思疎通とはどういうものなのか、想像することしかできないが。

セーヌ河畔を友人のNと歩いていたとき、前から颯爽とまっすぐに前をむき、リラックスして歩いてきた男がいる。何となくちらちら見ながら、すれちがう。

しばらく経ってから、「あれは……」と言う。「ん?」とN。「似てないかな……」「ちがうだろ……」互いに言う必要もなく、「あれ」はパコ・デ・ルシアを指していた。

あのときは、やっぱりちがうよな、とおもっていた。こんなところを歩いているわけがない、と。でも、いまはちがう。やっぱり「あれ」はパコだったのだ。

マクラフリンはその後も、奇妙な、たしかアルバムにはしなかった、バス・クラリネットのはいったバンドとか、オーケストラと共演した《地中海協奏曲》とか、Remember Shaktiとか、どこかで気にする存在でありつづけた。アル・ディ・メオラは、ディノ・サルーシと組んでピアソラの曲をやった『ワールド・シンフォニア』はよく聴いた。

録音されたスーパー・トリオからどれくらい経っただろう。途中で、再会のコンサートがあり、アルバムにもなった。でもなかなか手にとる気になれない。この「サンフランシスコ」の記憶に呪縛されているからだ。

若者には幻惑的で甘美すぎるか
ビル・フリゼール『In Line』

こういう音で一曲ができてしまう！　そんな驚き。

ギターは、絃をはじくから、そこに衝撃、アタックがある。エレクトリック・ギターで、アタックの瞬間をヴォリュームを操作して消し、のびてゆく音のみとって、やわらかい音だけで奏でる。ひとつの効果、曲の一部分として。徹底しているのがビル・フリゼール。

このやり方は現在まで保たれているが、そこには発音の安定というだけではなしに、延ばす、サステインする音に耳をかたむける、音の状態を把握し、次の音へと受け渡してゆく耳がいる。そうでなかったら退屈になる。簡単そうにおもえるが、そんなことはない。

ビル・フリゼールをよく聴くようになったのはずっと後だ。ふりかえって、一九八二年のデビュー・アルバムから、この音の広々とした時-空間は変わらない。スタティックな音楽なのに、カントリーとかブルースとかの残響があるのもおもしろい。

はじめての作にはすべてがある、とは言い古されたコトバだし、接した者にとっての、「あとづけ」は大いにありうる。それでもここには、フリゼールが赤裸々に『Have a little faith』で示すアメリカ音楽の記憶が、わずかなりとも、感じとれる。

冒頭、《Start》にあるのは、あたかもビートルズの、《Norwegian Wood》のこだまのよう。

オクターヴ・ユニゾンでひびく、美しい、ギターとベース。演奏は二人きり。フリゼールのギター、アリルド・アンデルセンのベース。ギターは多重録音。綿密に「作曲」されているのがわかる。デリケートに、ゆっくりと動く、二つ(以上)のライン。タイトルからの連想というわけではない。とはいえ、「ライン」がこのアルバム全体に意識されているし、聴き手に、届く。

アルバム・タイトルになっている七曲目、《In Line》は、アコースティックの、あたかもプリペアドしているような音、調律を狂わせているような音、故郷のない民族音楽のようなひびきからはいり、エレクトリック・ギターの、アコースティック・ギターのかさねが通過して、別のビートをきざんでゆく。いまになってみれば、パット・メセニーが弾く、ライヒの《Electric Counterpoint》のようでもあるが。一方、《Three》の、ギターの不思議なコードの連結と不穏な音＝色がひびくなか、うごめくようなソロをとるベース。ふと、重なるギターとベースのオクターヴ・ユニゾン。

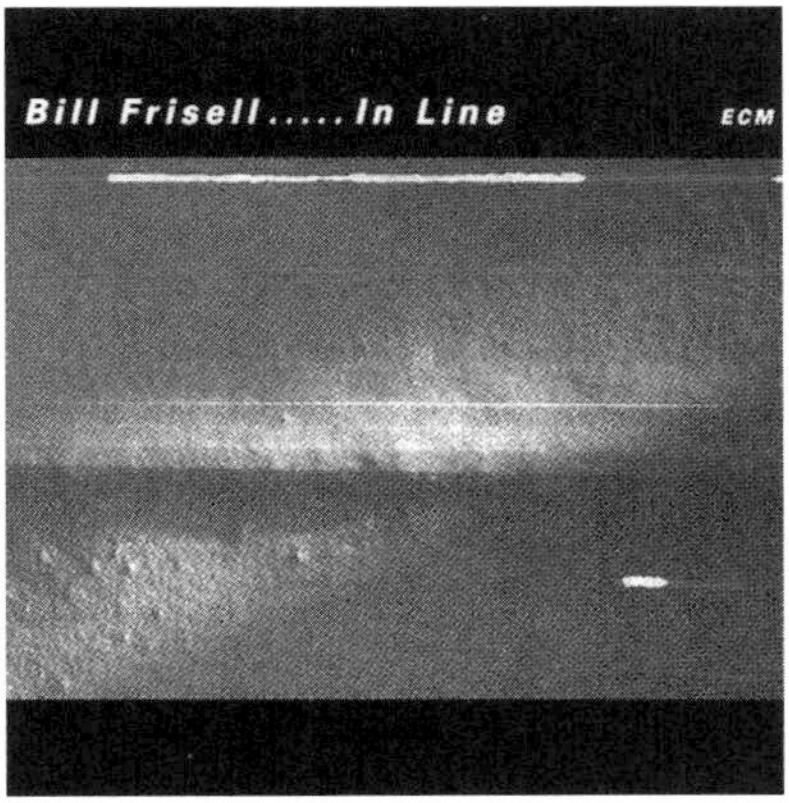

ビル・フリゼールのギターには親しんではいけないのではないか。二十代半ばの若者には、幻惑的にすぎ、甘美だが、どこか遠ざけておきたいものでもあった。だからこのアルバムを知ってはいても、アーティストに深入りすることを避けていた。再会するのは一九九〇年を過ぎ、こちらの年齢が三十を越してからになる。

ドラムスもベースもないのに！

ジョン・マクラフリン＆Shakti『A HANDFUL OF BEAUTY』

二十一世紀になって間もないころ、Ｋ大に在学している学生が何人か自主ゼミと称して研究室にやってきて、勉強会をやっていた。「Chibi」と呼んでいた子が、ドイツ文化センターで声を掛けてきて、自主ゼミみたいなの、やりませんか、と誘われた。

いまChibiではどうしているだろう。映画サークルに属し、相米慎二が好きだったり、映画美学校の菊地成孔の講座をとったりしていた。あるとき、Remember Shaktiを教えたら、途端にはまった。ＣＤがリリースされてからどのくらい経ってからか、日本公演があった。すごかった。興奮した。単純に。Chibiも行った。会場で顔はあわせなかったが、すぐに電話があった。ザキール・フセインのタブラにノックアウトされた、と。そりゃあ、そうだろう。ライヴで接したら、たまらない。ザキールの音を、いや、ともに、Ｌ・シャンカールの音をコンサートで聴いたのは一九八九年、パリ。Festival Jazz de Parisで、ＥＣＭ二十周年記念だった。

前半がジョン・サーマンとディノ・サルーシ、後半がザキール・フセインの加わるＬ・シャンカールのインド楽器のみクァルテット。L・シャンカールはダブルネックのヴァイオリンを弾く。片方は通常の弦、もう片方はもっと低い――ほとんどチェロ音域の――音がする。ネックはボディに対して微妙な位置についていて、片方を左手で支えながら弾いても、ときに、弓がもうひとつの弦にふれ、重音になる。低音が不意にひびく。その深みのある音にぞくっときた。

インド音楽にある調弦の延長にあるような長いゆったりしたパートを過ぎると、タブラがはいって、超絶技巧のやりとりとなる。

パリの聴衆は大喝采。

そのときタブラを叩いていたのが、大家アラ・ラッカの子息、ザキール。はじめに彼らの音楽を聴いたのは、Remember の方ではない、もともとの Shakti だった。L・シャンカールとザキール・フセイン、ムリダンガムとガタムのヴィナヤクラムがインド系、それにアコースティック・ギターのジョン・マクラフリンが加わる。

インド音楽特有のカウントから、インド音楽と西洋音楽とが「フュージョン」した《La Danse du Bonheur》。

そうかこういうグルーヴがあるんだ、ドラムスやベースがなくたって、別なかたちでこんなにも熱狂できる音楽がありうるんだ。

マクラフリンのマハヴィシュヌ・オーケストラにぴんとこなかった分、Shakti には陶酔した。

Chibiは、タブラがやりたくてたまらなかったらしい。千葉でおこなわれたRemember Shaktiのコンサートにも当日券で入場、翌日には高田馬場あたりを徘徊しているうち、「仲屋むげん堂」でタブラを発見。現金を調達し、うんしょうんしょと鎌倉の自宅まで持って帰った。

「せんせ〜、買ってしまいました〜」と電話で言う。

「いま、グランドピアノの下にあるんです、もう遅いから叩けないですけど、今度、教室にも通うことにしましたぁ」

何がすごいといって、行動を誘発してしまうところ。

つい最近、試験の余白に、たまたま映像をかけたGAIA CUATRO——金子飛鳥、ヤヒロトモヒロ、ヘラルド・ディ・ヒウスト、カルロス'el tero'ブマキーニ——がの演奏風景をみて、冬休みにおもわずアルゼンチンに行ってしまいました、と書いていた学生がいた。そういうの、すごい。そういう音楽に、そういう行動をしてしまうひとにぐっとくる。

Remember Shaktiではマクラフリンもエレクトリック・ギターを弾いた。新旧比較などできないけれども、やはり十代で出会ったドライヴ感、ビート感は、心身の底にずっと残りつづけていた。少し上の世代だと、ビートルズがいたし、ラヴィ・シャンカールが出演したバングラディッシュ支援コンサートがあった。そこからインド音楽にはいっていくラインもあった。ラヴィ・シャンカールを最初に聴いたのは小学生だったし、それよりもShaktiから、遅ればせにインド音楽が気になりだした。

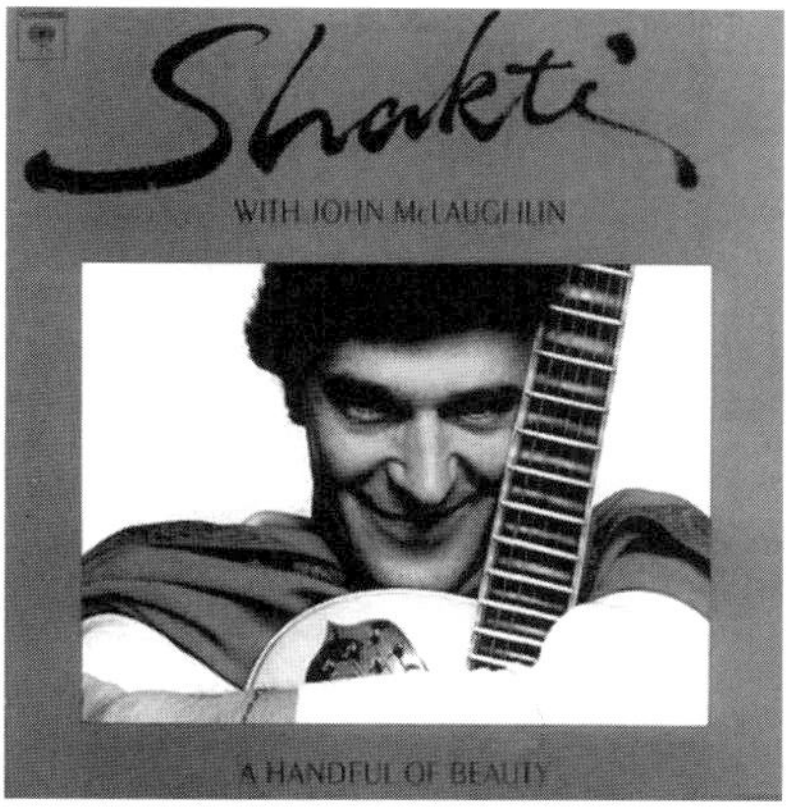

Shaktiを聴いて、ドラムスのない、それでいてしっかりグルーヴのあるバンドができないかと考えたこともある。もちろん画のなかの餅、どころか、餅さえも浮かびあがってこなかった。

おもむろに楽器に向かう四人

モダン・ジャズ・クァルテット『The Complete Last Concert』

「モダン」と自らが呼んでいる珍しい音楽が「モダン・ジャズ」だと菊地成孔は言ったりするわけだけど、まさに堂々とこれをグループの名にしてしまった人たちの音楽は、早いうちから目についた(「ジャズ・メッセンジャーズ」も同様な意味で目を惹いた)。とはいえ、気づいたときには「ラスト・コンサート」が店頭にならんでいたから、全盛期にはほぼ縁がなかった。

NHK・FMでやっていた番組は、クラシックでもジャズでもよく聴いたが、MJQでピンときたかといえば、ミルト・ジャクソンのヴァイブの音くらいではなかったか。そんな放送を聴くのは、「聴く」というのも憚られる、直径十センチのスピーカーを内蔵するAM・FMラジオだったたし、たかが知れている。

ジャケットが良かった。クァルテットの楽器四セットがそのまま置いてある。ひとはいない。コンサートに行くとまのあたりにするステージの光景そのままだが、「ラスト・コンサート」とあるのだから、ミュージシャンの不在は否が応にも際立つ。これがうまくいくのはサックスやフルートなど、プレイヤーが手にしながらステージに登場する楽器がひとつもなく、すべてセッティングされ、ただそこにやってきておもむろに楽器にむかうからじゃないか。

二枚組のアルバムを聴いたのは友人Nが持っていたからだ。一九八〇年前後。いまではともに中高年の教員職にあるけれど、当時は大学にはいったかはいらないかの頃でしょっちゅう行き来し、鬱屈した青春を飲んで晴らそうとしつつしかも晴れない、いつの時代にもあるようなパターンを踏んでいた。他の音楽についてはずいぶん話をした記憶がある。でもこのアルバムについては、一切ない。不思議だ。

Nがなぜ持っているのか、どう感じているのか、話した内容はおろか、おそらく話をしてさえいない。ただ、あ、こんなのあるんだ、うん、じゃあ、借りていいかな、いいよ、というくらい。折角借りてきたものの、だめ、だった。何度もトライするのだが、何かイライラしてしまう。ノレもしない。リラックスもできない。こんなのを聴いていていいんだろうか、とか、いま、こんなことをしている余裕はない、とか、勝手な理屈がわきあがって、結局、A面の半ばあたりでやめる。毎回だ。

そばにおくのも気が滅入ったものの、ながく手元にあったのではなかったか。気になる。気になるから、ちょっと聴く。だめ。そのくりかえし。端正な音楽が、音楽の佇まいが、良さが、若者にはわからなかったのではないか。仮説にすぎない。四十代半ばを過ぎ、六十代も半ばちかくになってもそうだから。

いや、いまなら全部をとおして聴くこともできる。しょっちゅう聴くことはない。はじめのほうを聴いていると居心地が悪くなる。変わらない。バーでかかっていて、こっちは適当におしゃべりして、というBGM的聴取ならいいのだろうが、ライヴでもなく、レコードのスピーカーに面とむかうと、ちがう。こんな愛想の良さを求めていない、とおもう。

とおして聴けたのは何年も経って、二十代の半ばになって。わかったのは、いつもやめていたあたりより先のほう、聴いていなかったところのほうがずっといい、らしい、こと。ちょっとはぴんときた。

ピアノとヴィブラフォンというひびきは「モダン」でありつつ、しかもインドネシア的というか、東南アジアとの親近性もある。ベリオやブーレーズが、あるいはライヒや武満が好んだひびきであり、ガムランにもつうじる。もちろん小曽根真とゲイリー・バートン、マッコイ・タイナーとボビー・ハッチャーソンのデュオも忘れられない。

一方、MJQのひびきは、ジョン・ルイスとミルト・ジャクソンの二人の存在は大きいけれど、同時にベースのパーシー・ヒース、ドラムスのコニー・ケイが脇をかためて。それがゆえ、ピアノとヴィブラフォンの二楽器、二つの「叩く」楽器の金属的な鋭さと余韻の柔らかさを兼ねそなえたひびきに堪能しきれないところがでてきてしまうようでもある。「四人」の「アンサンブル」がみごとで緊密であるがゆえに、なおのことその感をつよくする。

なんだかんだとほとんどのめりこむことなく接してきた「ラスト・コンサート」だが、それでいて、冒頭の何曲かは他の好みのアルバムよりもしかすると多く耳にしていたりするのも皮肉といえば皮肉かも。

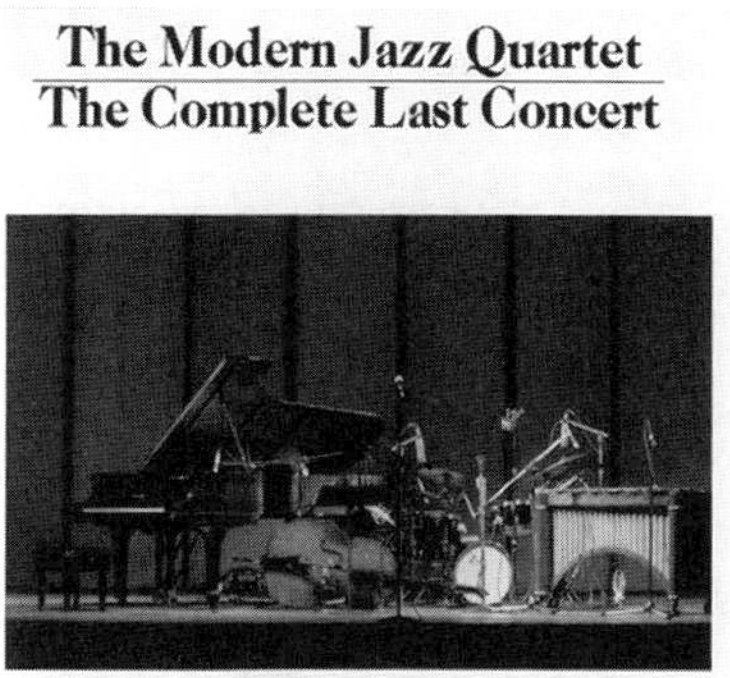

涼風薫る夏への誘い

チック・コリア＋ゲイリー・バートン『Lyric Suite for Sextet』

夏、くるまに乗っていた。カーステレオからひびいてきた。かけているのはリリースされてあまり経っていなかった（はずの）アルバム。大学の四年。男女機会均等法はまだ成立していなかった。『なんとなく、クリスタル』が評判になったのは二年か三年年くらい前。ハマトラだのニュートラだのがはやり、JJを持つ子とananやnonnoを持つ子が分かれていた。JJの表紙には高橋亮子や賀来千賀子がでていた。

別の科にいる同級生の卒論を手伝った。そのお礼の食事と短時間のドライヴ。ただそれだけ。キャンパスに来るいがい、外出はもっぱらクルマ。運転はもちろんそのひとである。わたしはいまに至るまで運転免許を持たない。

かばんにはカセットテープがあった。それをかけてもらった。

ピアノとヴィブラフォンによるデュオ、『Crystal Silence』は名盤として知られるが、いまひとつ物足りなく感じていた。デュオに弦楽四重奏が加わるとかなり違う。厚みもあるし、弦の持続する音、ポリフォニックの動きのうえ、複層的に二楽器がインプロヴァイズする。

しっかり書かれている部分と、即興に委ねられている部分とがあり、片方からもう片方へと移行するスリリングな瞬間、ふ、っと、息の入りが変わるところに、どきっとしたり。

ジャズ的なビート感、というより、拍節的にタンタン・タンタンというようなところは多くない。ドラムスが使われていないぶん、リズムの変化は多様になる。伸び縮みする。シンコペーテッドに、ツ・タアタ・アタ、ツ・タアタ・アタ、といった弦。高い音域からスピーディに、しかし一音一音をしっかり叩き、下降しきったところで三連符に変化させるゲイリー・バートンのヴァイブ。弦のリズムを引き継ぐと、巧みなペダリングで、バックにまわる。チック・コリアはほかのアルバムで活躍するようには派手な動きをみせず、全体のバランスをとりながらプレイする。

編成のせいかもしれないし、ハーモニーのつくり方によるのかもしれないけれど、アルバム全体、いや、作品の全体像は、いい意味で、二十世紀前半のヨーロッパ音楽のながれを継承するようなところがある。
当時、音楽は現在にいたるまでもっとも遠かった時期にあたるが、それでもこのアルバムを聴くと、こんな曲が書けたらいいなとどこかでおもった。

音＝色のせいもあるのだろう、涼風をつれてきてくれるようで、夏に聴くにはぴったりだった。はじめはLPをどこからか借り（貸しレコード店が存在していた）、気にいったので、カセットにダビング。それを持って行った。

アルバン・ベルクに《叙情組曲》という曲があり云々、とライナーノートを黒田恭一が書いていた。典型的なおしゃれさんだった同級生は、流行のものを聴くというより、クラシックが好きで、酒を飲まなかった。小柄で高価な服を着こなし、好きだったけれど、恋するかんじはなかった。もとより相手にそんな気はなかったろうが。

ＣＤの時代になって、やはり聴きたいと買ったものだが、なぜか、買うたびにどこかに行ってしまう。後年、Studio Voice 誌でＥＣＭについての原稿を見開き二ページで依頼されたとき、担当は当時の編集長・現在は音楽評論家の松山晋也さんだったが、このときも『Lyric Suite for Sextet』をとりあげた。そのときアルバムは手元になかった。大好きなのに、いや、大好きだから、どこかにいってしまうのか。いまは手元にない。お店に行ってもみつからないし、ネットで見ると妙に高い。なので、敬遠したまま。そのかわりあたまのなかでひびかせて。

フォルクローレからタンゴへの変異

ガト・バルビエリ『CHAPTER ONE: LATIN AMERICA』

さまざまなパーカッションが、アルパが、チャランゴが、ギターが、六拍子をきざむ。ときどき聞こえてくるケーナ。お祭りのようなリズムのなか、ときにノイズを含んだ、割れるような音をまじえた、ダミ声のようなテナー・サックスを吹きまくる。

ガトは来日したとき、TVの音楽番組にでた。一九七三年。半世紀以上前だから、遠い、靄のかかったような記憶ではある。特徴のある帽子と、ぶっといテナーの音はおぼえている。「ガト／Gato」はスペイン語でネコだというのを司会者が言って、へえ、なかなかいいじゃん、とおもった（いまほどネコ好きでなかったけれど）。

来日の前年、一九七二年にベルトルッチ監督による問題作『ラスト・タンゴ・イン・パリ』があって、この年に『Chapter One: Latin America』が録音されている。映画の音楽ははたしてアルバム録音の前だったのか後だったのか。ここに来るのに、ブエノス・アイレスでのラロ・シフリンとの、ローマでのドン・チェリーとの出会いがあり、オーネット・コールマンの影響、チャーリー・ヘイデンの「リベレーションズ・オーケストラ」への参加といった、「フリー」系ミュージシャンとの接触がある(シフリンはちがうけど)。一九六〇年代のフリー・スタイルを浴びることで、ガトはあらためて故国アルゼンチンや、「Chapter」シリーズ(全四枚ある)を構想、いろいろな世界の音楽へと心身を開いていったのかもしれない。

言い換えれば、狭い意味でのジャズのイディオムに拘束されるところから、フリーをとおして、はなれることになったのではなかったか。

『Chapter One: Latin America』には楽天性がある。

いや、これは正確ではない。肩肘張って生きてきた。重い荷物を背負ってきた。それがとりあえずおろせて、おもわずはじけてしまった、とでも言ったらいいか。根っからの楽天性というわけではなく、とりあえず、いまはこうしていよう、こうしていられる快楽を自らに許そう、はめをはずそうとでもいったかんじか。そこにはラテン・アメリカのさまざまなミュージシャンとの「出会い」、固有のイディオムと、フリーをとおして獲得してきた身体による「出会い」が試みられ、それは西洋楽器中心に編成された「ジャズ」でとられる、アンサンブルとソロの対立、交代というのも、ここでは、民俗楽器を大量に使うことで、別解を見いだしているとみえる。あくまで別解ではあるけれど。

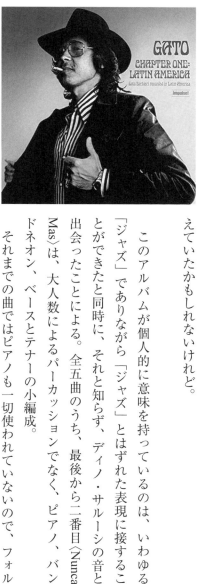

『ラスト・タンゴ・イン・パリ』の音楽は、ガトではなく、アストル・ピアソラがやるはずだった。だが、ピアソラが体調不良で参加できなくなり、ガトに代役がまわってきた。ピアソラは、ガトなんてタンゴを知りもしないくせに、と後に語っていたものだが、むしろ、この映画ではガトの「偽タンゴ」「フェイク・タンゴ」が功を奏した。ピアソラがやっていたら、ピアソラじしんはもっと(その時期だけかもしれないが)有名になっていたかもしれないし、もっと別の色合いを映画に添えていたかもしれないけれど。

このアルバムが個人的に意味を持っているのは、いわゆる「ジャズ」でありながら「ジャズ」とはずれた表現に接することができたと同時に、それと知らず、ディノ・サルーシの音と出会ったことによる。全五曲のうち、最後から二番目〈Nunca Mas〉は、大人数によるパーカッションでなく、ピアノ、バンドネオン、ベースとテナーの小編成。

それまでの曲ではピアノも一切使われていないので、フォルクローレ的な世界からここでちょっと都会的なところに来たとでもいったところか。短くて、五分ちょっとではあるのだけれど、後に馴染むようになるディノの音が、たしかに、ここではひびいている。

フォルクローレからタンゴに変わる変異中の感触。タンゴが抱えることになる情念とか都会的な、女性／男性の複雑なからみとか、そういうのをまといつけていない音楽。どこか安っぽいピアノの音。そこに至るまでリズム中心で、ガトのサックスがばりばり吹いている曲とひと味違い、三つの楽器が「線」としてからむ。当時はバンドネオンに関心を持っていた訳ではないし、この曲のおもしろさに気づいていたとは言えないが。

「フュージョン」というトレンドは

デイヴ・グルーシン＋リー・リトナー『Harlequin』

きらめくピアノの短いパッセージ。
そこに声。ブラジル・ポルトガル語のハリのある声。
イントロを経て、一拍目にアクセントのあるリズム。
ヴォーカルとギターのユニゾンによるメロディ。

アルバムを勧めてくれたのは、いまはアーティストとして知られているKのガールフレンドMからだった。美大をでて、グループ展などをさかんにやっていたMは、Kやわたしの通っていた高校とひとによっては姉妹校と間違えてしまうような、すぐ近くのカトリック系の女子校の出身で、性格もあかるい美女で音楽は流行をおさえていた。

渡辺貞夫が「フュージョン」トレンドに反応したのは一九七〇年代後半。『マイ・ディア・ライフ』が一九七七年、『カリフォルニア・シャワー』が一九七八年。大ヒットして、デイヴ・グルーシンを中心とする一派と共演した(当時はナベサダが、ジャズに括られるタイプの音楽が「ヒット」した!)。

『ハーレクィン』はそうしたスタイルもすでに少し低迷しつつあった時期、一九八五年の録音。わたしはといえば、リー・リトナーやデイヴ・グルーシンについては、ナベサダとのしごとにさんざん接してきたので、ことさらじぶんから積極的に聴こうとはしなかった。

じゃあ、何を聴いていたのかといえば――あまり記憶にない。バービーボーイズ? 松原みき? ポール・ドレッシャー? 近藤譲? ううむ。

そんなときに、Mは『ハーレクィン』っていいのよ、とってもいいのよ、と言うのである。近くの貸しレコード店から借り、カセットテープに録音して聴いた。

下地がないわけではなかった。すくなくとも、Mのオススメを鵜呑みにするほどナイーヴではなかった。

すこし前に、映画『恋におちて』があった。メリル・ストリープ、ロバート・デ・ニーロが主演(ハーヴェイ・カイテルもでていた。あまり記憶にはないが)、監督はウール・グロスバード。この音楽が良かった。さらに前の『黄昏』も、へえ、グルーシンなんだ、でも、いいじゃないか、ともった記憶もある。

グルーシンの映画の音楽については、はじめての著書『音楽探し』にもちょっと書いた。デイヴ・グルーシンへのアレルギーが消えたのは、何本かの映画と、『ハーレクイン』ということになる。Mに感謝、かな。以後、『恋のゆくえ／ファビュラス・ベイカー・ボーイズ』『虚栄のかがり火』、『ザ・ファーム／法律事務所』といった、如何にもアメリカ合衆国だよなという何本もの映画で、映画音楽作家としてグルーシンの名を記憶しなおした。

ヴォーカルものに積極的になったことは、特に、ジャズやフュージョンの場合は、すくない。これは、偶然親しむことになったわけだが、良かった。当時はブラジル系のミュージシャンなど数人の例外を除いて知らなかったから、イヴァン・リンスの名は特権的なものとなった。ともにひびくのは、ハーヴィー・メイスンがキープするビートと、リー・リトナーのメロディ、絶妙に加わってくるグルーシンのシンセやピアノ。

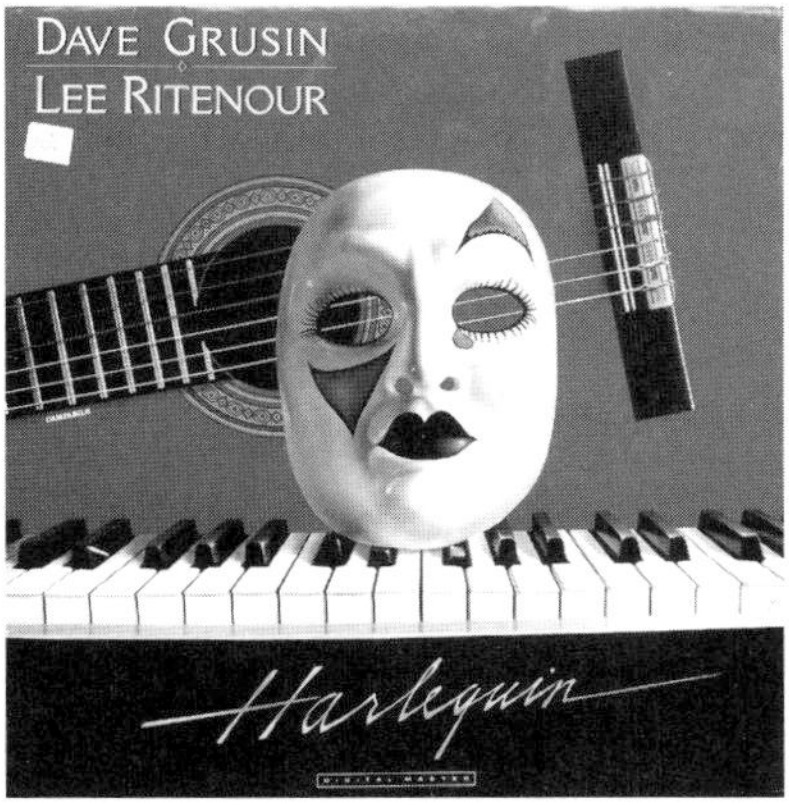

やはりアルバム・タイトルになっている冒頭の曲がいい。イヴァン・リンスの参加している曲が。

リー・リトナーにはブラジル音楽への志向＝嗜好がときにでてくる。それがここでは良く生きている。いい味をだしている。ただアルバム全部が好きだったかといえば、そうでもなかった。

あ、この臭みはいやだな、という曲が二つくらいあって、早回しにした。いまではもう慣れて、そのままにしておくけれど。

最後の曲〈The Bird〉の「ソファミソレドソ」というメロディでは、ストラヴィンスキー《火の鳥》エンディングを想いおこした（意図的なんだろうか、タイトルからして……）。

ここでとりあげているジャズ系のいろいろなアルバム、一九五〇～八〇年代の録音でも、「いま」聴きなおしてもあまり時代差は感じない。いろいろ聴いてくるうちに、スタイルや特定のヴォイスとして時代性を捉えることはできる。一方で、フュージョン・スタイルがどこかに残っていると、演奏、録音された時代の、その当時の空気感がどうしても甦ってくると。

壮大な作品の――ちょっとだけよ
デオダート『PRELUDE』

リヒャルト・シュトラウス《ツァラトゥストラはかく語りき》――いまは「こう語った」のほうが多いか――は、ある時期、タイトルと冒頭部分はよく知られていた。キューブリックの映画、『二〇〇一年・宇宙の旅』に使われた衝撃性が大きかったのだろう。トランペットの持続音と上向音型、ティンパニの連打、フル・オーケストラからオルガンのみが残る低音。ここからが本番、というか、交響詩としての本体へとはいっていくわけだが、そこはほとんど手つかず、ただ映画やテーマ部分のみからきかじってみる者にとってあとはどうでもいい。LPを買っても、複雑な本体部分が大好きになったというはなしは周囲ではでてこなかった。当然である。小学生とか中学生だったから(一九七一年にバーンスタインによる4チャンネル新録音がでて、騒いでいる奴は何人かいた)。

このテーマが、何年か後に「回帰」する――ニーチェ的でしょう?――ことになるとは。しかもブラジルのパーカッションがどかしゃかひびいているうえに、悠々たるとはいえなくなったテーマがのる。これがまた、ラジオなどでながれた。

オリジナルのアルバム・タイトルは『PRELUDE』。エウミール・デオダートのファースト・アルバム、邦題は『ツァラトゥストラはかく語りき』。一九七二年だったか七三年だったか。かなり流行って、二枚目の『ラプソディ・イン・ブルー』も早々にリリース。こんなふうにクラシックがジャズとかブラジリアン・ミュージックと一緒になるかと驚いた。クラシック曲を扱うにしても、ジャック・ルーシェとかオイゲン・キケロとかの印象がつよくあり、そうしたものより、エレクトリックなサウンドに「新しさ」を感じた。


キューブリック『二〇〇一年・宇宙の旅』公開は一九六八年だから、デオダートも、映画のなかでつかわれたリヒャルト・シュトラウスの壮大な部分の記憶が人びとに残っているはず、と読んだにちがいない。デオダート自身そうだったのだろう。それが相乗効果にもなった。うろおぼえだが、たしか一九七四年に来日してもいる。ただ単純にデオダートのアルバムを聴いていただけで情報通ではなかった身に、友人のひとりが一枚のちらしを持ってきて言ったのである。

すごいんだ。ものすごいメンバーがやってくるぜ。

ちらしにはCTIとある。会場は日比谷野外音楽堂。何人ものミュージシャンの写真と名前が印刷されていて、一種のフェスティヴァルだという。なかには、デオダートのアルバムに参加しているミュージシャンの名があった。ジャズ系(?)で、リーダー以外のミュージシャンを多少なりとも気にするようになったりしたのはこのときから。フルートのヒューバート・ロウズ、ベースのロン・カーター、ドラムスのビリー・コブハム、パーカッションのアイアート・モレイラ。来日メンバーは、ほかに、ジョージ・ベンソンもいたかな。間違っているかもしれないが。

よくわからないにしろ、きっとすごいのだろうとおもいつつ、十四とか十五歳である、世界はまだまだ狭く、結局、コンサートは情報だけで、出向くことはなかった。残ったのは、ミュージシャンの名と、「CTI」という、レーベルが何かもわからぬまま、あるひとつのまとまりとして認識した、レーベル名である。

デオダートが好きだったかといえば、それほどでもない。衝撃を受けはしたが、積極的に聴くほど傾倒していなかった。まわりにはストーンズがありシカゴがありプログレがあった。ドビュッシーがありプーランクがありストラヴィンスキーがあった。そっちのほうが引力がつよかったから、デオダートの名は二枚のアルバムで急速に薄くなった。
世間でもおなじだったのだとおもう。とはいえ、「ツァラトゥストラ」といえば、シュトラウスの荘厳なイントロとともに、ほとんどつねに、デオダートの、断片だけがリズムのうえを通

り過ぎてゆくテーマを想いだす。それはそれで、シュトラウスへの敬意や傾倒を遅延させせることになった。そのせいかどうか、シュトラウスは苦手だった。許容できるようになったのはずっとあと。しかもオーボエ協奏曲とか《ばらの騎士》、比較的「古典」性のつよいものばかり。ま、どうでもいいはなしだが。

デオダート、ブラジルでは、アントニオ・カルロス・ジョビンなどとも仕事をしていたなどと知るのはずっと先。二十一世紀になってから、しばらく休止していた活動を再開したとも知った。じゃあ、新しい活動を気にするかと言ったら、しない。記憶による先入観は容易に拭いがたいな。

トレモロ、重音を駆使する火をふくヴァイオリン
ジョン・ハンディ『RECORDED LIVE AT THE MONTEREY JAZZ FESTIVAL』

寒くなりかけた十一月。浜辺をひとりで歩きまわって、駅の近くに戻り、少し休もう、何かを飲もう、と商店街にはいった。みあげると、あるビルの二階か三階にジャズ喫茶がある。長めの階段をあがって扉を開けると、スピーディで、熱気のある音楽がながれていた。軽いアルコールを頼んで、音楽にどっぷりひたった。いまは、これがぴったりだ。何というタイミングだろう。

神奈川県立近代美術館に行った帰りだ。大学四年。卒論を書いていたが、うまく進まかった。エジプト出身のユダヤ詩人のことを書いていたので、それなら、沙漠ではないけれど、砂を見に行こう、触ってこよう、手近なところは鎌倉かなと出掛けて行ったのである。安易だ。

北鎌倉を降りて美術館までたらたら歩く。

企画展の展示室を何部屋かまわった後のことだ、見慣れた、ただ知っているというよりは、かなり気に入っている同級生の姿があった。

キャンパスではときどき行き交い、ごくまれにではあったが、食事をすることもある。

彼女は、いま、腕を一緒にいる男性と組んでいる。同世代ではない。中年、いや熟年である。黒いストッキングの、タップダンスを教えているかたちのいいふくらはぎが、ハイヒールにすっとはいっている。

声なんかかけない。

でも、こっちの存在は認めさせなければならない。何らかの角度で視線におさまるよう移動する。あら、という表情が浮かぶ。うん、じゃあ、またね、という「挨拶」が瞬間でとおりすぎる。みごとだ。展覧会は最後まで見て回ったが、もうどうでもよくなっていた。

砂浜へ行こう、砂浜へ。


アンサンブルは厚くない。いくつもの細い線がからみあう。ピアノがはいっていないからか。サックスとヴァイオリンがフロントでソロを。ギター、ベース、ドラムスがリズムをキープ。ギターの短く、さ、っ、さ、っとはいってゆく音がシンバルのビートにアクセントをつける。テンポのはやい三拍子。最後の部分でゆっくりになってエンディング。大きな拍手。

さっきかかっていたのは何ですか？　とジャケットを見せてもらい、メモをした。以来、レコード店に行くと尋ねたが、在庫のあったためしがない。漸く手にしたのはＣＤで、世紀も変わってから、海外で。

それまで、一九八〇年代から九〇年代にかけて、鎌倉にひとりで来ると、この店で、この曲をリクエストした。お店がみつからなくなるまで。それからしばらくは、いきつけの池袋の店で頼むこともあった。

LPだからA面とB面があり、一曲ずつ。件の曲は《Spanish Lady》。二十分弱で、その前に、《If Only We Knew》という二十七分もの演奏がある。こちらは滅多に聴かない。《Spanish Lady》への長いイントロ、プレイヤーが無伴奏でソロをとるお披露目的な作品で、ここから一挙に後半にながれこむというふうに聴いていたから。

ジョン・ハンディはもちろんいい。それ以上にわたしの耳は、重音を駆使する場面のあったり、火をふきそうなトレモロがあったりするマイク・ホワイトのヴァイオリンにむく。

ジョン・ハンディはチャールズ・ミンガスの一九五九年に録音した四枚(Mingus in Wonderlandとか)などのアルバムに参加。一九三三年の生まれ。現役は退いているかもしれないが、亡くなったともきかない。アリ・アクバル・カーンとつくったアルバム『Two Originals: Karuna Supreme/Rainbow』なんていうのもある(残念ながら未聴だ)が、この一九六五年九月十八日、モンタレーのライヴ盤は、グラミー賞にノミネートされた。

同級生の子とは、美術館で一緒だった相手が誰なのか、終始「ともだち」と言うのみで、明かしてくれなかった。卒業してもときどき会ったりしたが、数年して、結婚をした(相手はあきらかに、出会った人物ではなかった)。

今度○○×××という名になるの。いい名前でしょう? 女優さんみたいよね。

つれあいと海外に行ったとは知らされたものの、その後のことは知らない。

ジョン・ハンディの音楽を聴くたびに、彼女のことを想いだす、と言いたいところだが、残念ながら、そんなことはない。音楽はいつのまにか感情の移入先ではなくなっていた。

鎌倉から戻った後、風呂にはいるまで、髪から服から、砂がおちつづけていた。

アステアになりたかった！

フレッド・アステア『THE ASTAIRE STORY』

十代の一時期、目指しているものはあった。作曲家、「現代音楽」の作曲家になりたいとおもっていた。でも、もっと夢のようなものとして、こうなりたい、とおもっていたのは、フレッド・アステアだった。

フレッド・アステア「に」なりたかった。

以後、ごく稀に、この「よう」にではなく、この人物そのものになりたい、とおもったのは、一九八〇年代、アストル・ピアソラになりたかった、くらいだ(七〇年代にはハインツ・ホリガーにもなりたかったが)。

アステアが一緒に踊る女性はステキだ。ジンジャー・ロジャースをはじめ『パリの恋人』のヘップバーン、『イースター・パレード』のジュディ・ガーランド、『足ながおじさん』のレスリー・キャロン、『絹の靴下』のシド・チャリシーと、こういう女性と共演でき、恋ができるなら、などとフィクションと現実を(故意に)混同さえして。うたはともかく、ダンスでこの優雅さは右にでるものは、いまだって、いない。マイケル・ジャクソン？　マイケルはすばらしいが、アステアという先駆者があってこそ、じゃないかな。

録音は一九五二年、ロスアンジェルス。プロデューサーはノーマン・グランツ。グランツはオスカー・ピーターソン、エラ・フィッツジェラルド、ジョニー・ホッジス、アート・テイタム、スタン・ゲッツ、といった人たちを世におくりだしたプロデューサー。

アステアは一八九九年の生まれで八七年まで生きていたから、当時としては長生きだ。おなじ年にプーランク、エリントンが生まれているが、前者は六三年、後者は七四年に亡くなり、アステアはぐんとながい。運動しているのはつよい、のだろうか(発想が凡庸である)。

とはいえ、アステアのうたを、しかし、CDで聴くというのも、奇妙といえば奇妙に感じられる。LPで聴いていたし、ほんとうはぱちぱちいうスクラッチ・ノイズとともにききたい。だからCDではあまり聴く気にはならないし、たいして聴いていない。映画で、その姿とともに声をきいているから、声だけ切り離すのは違うんじゃないかと、どこかでおもっている。

アステアはごくふつうの演戯から、さ、っ、と踊り、うたい始めるのがいい。音楽と生活がそのままつながっているようなのが。映画でこそアステアである。

録音のとき、五十三歳。もっと上かとおもっていたら、意外に若かった——というのは、いまの感覚か。当時だったら、それなりに老年の仲間か。五十五歳定年の時代だったし。ヴォーカルのみならず、タップも入れている。アステアのアルバムは、たしかにうたがメインではあるにしろ、タップも音楽の「うち」なのだ。

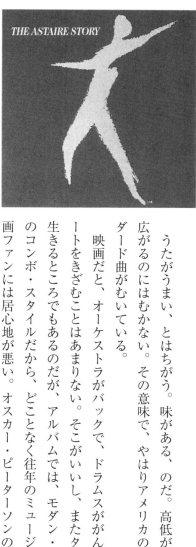

一九九〇年代になって、タップを「音楽」としてアルバム制作したアーティストとして、宇川彩子がいる——まったくの偶然で、わたしは「彩ちゃん」(わざとそう記す)がはじめてステージに立ったときの公演に行っている。まさかプロになってCDをリリースするとはおもわなかった。

うたがうまい、とはちがう。味がある、のだ。高低が大きく広がるのにはむかない。その意味で、やはりアメリカのスタンダード曲がむいている。

映画だと、オーケストラがバックで、ドラムスががんがんビートをきざむことはあまりない。そこがいいし、またタップが生きるところでもあるのだが、アルバムでは、モダン・ジャズのコンボ・スタイルだから、どことなく往年のミュージカル映画ファンには居心地が悪い。オスカー・ピーターソンのピアノ、バーニー・ケッセルのギター、レイ・ブラウンのベースとメンバーは豪華で、だからこそのサウンド。ただ、ピーターソンの饒舌なピアノが苦手なのと、サウンドトラックのアノニマスなオーケストラのほうが慣れているのだが。

ほとんどいまは聴かないアルバムではある。でも、どこかにないと落ち着かない。なんといっても、かつて「なりたかった」人物である。某哲学者なら、devenir というだろうか。「devenir Astaire／アステアになる」と。それこそ、ファンタジーかＳＦの世界だ。

ヴォーカルは語るものではない、かも

『les double six』

《Boplicity》をはじめてきいたのはLes Double Six、コーラス・グループでの演奏だった。そのときはマイルスがやっている曲だなんて知らなかった。楽曲は『クールの誕生』でおめみえし、『マイルス・アヘッド』、晩年の『モントゥルー』でも演奏されているから、マイルスとしてはめずらしく何度もの録音がある。だから、とても変則的な出会いをしていたのだろう。そんなことにさえ、子どもだったから気づいていない。

声の演奏、うたもの、ヴォーカルはあまりきかなかった。声がかさなり、ハーモニーをつくる、アンサンブルになる、のはまたべつの魅力があった。ヨーロッパの十九世紀的なコーラスとも違っていた。十代のころはバーバーショップ・スタイルも、ロネッツ、シュープリームスくらいはわかっても、R&Bのコーラスもほとんど知らなかった。八〇年代にマンハッタン・トランスファーを聴いたが、それ以前のものとの結びつきとは切れていた。何も知らなかったのだ。

ジャズ・ヴォーカルにかぎらず、声をセンターにするものは、ちょっと、避ける。いや、避けるのではなく、きくけれど、積極的にはふれない。ふれかたがわからない。んー、ちがうな、ヒトの言語でひとの声にふれることのむずかしさから逃げている。そんなふうに言ったらいいか。ポピュラー・ソングなら、ヴォーカルなしではすまないし、ロックもおおむねそうだが、ロックならサウンドそのものに目を、耳をむければ、と逃げ道はある。

ビリー・ホリデイのコモドア・レーベル盤とか、エラ・フィッツジェラルドのガーシュウィンやコール・ポーターものとか、ミッツィ・ゲイナーやジュリー・ロンドンも愛聴はした。ただ、何か言えるかというと、う、と詰まってしまう。ヴォーカルは、語るものではない、んじゃないか。こちらには語る能力が欠けているのか。

音のうごきを追いたいのにコトバがついている。コトバがあるとつい意味を解したくなる。外国語ならさらにわからぬ。だからスキャットはよかった。あれがジャズのヴォーカルだ。インプロだし。音のおもしろさもあるし。いつのまにやらあまり耳にしなくなったけど。

スウィングル・シンガーズというヴォーカル・グループは、バッハやヴィヴァルディ、パッヘルベルやアルビノーニといったバロック時代の曲をジャジーにコーラス・アレンジしたことで知られる。六〜七〇年代はなんらかのかたちで誰しも耳にした。複雑なポリフォニーをワイヤ・ブラッシュのしゃかしゃかいうスネアの音をバックに整然とスウィングさせる。はっとしたひとは多かった。アレンジものだけでなく、ルチアーノ・ベリオ《シンフォニア》では、さまざまな発音・発声の可能性を提示してくれた。

スウィングル・シンガーズは、リーダーがアメリカ人のスウィングルに由来するが、こちらは勝手に、スウィングするからスウィングルなんだとおもいこんでいた、こどもの発想の単純さには苦笑してしまうが、このスウィングル氏、五〇年代の終わり、べつのコーラス・グループにいた。Les Double Sixである。フランス語の、レ・ドゥブル・シス、英語ならダブル・シックス。ソプラノのミミ・ペランが結成、フランス語の歌詞も彼女が書いた。もともとからだが丈夫でなかったため、グループの活動期間は短い。スウィングル・シンガーズはその継承といってもはずれていないだろう。

スウィンブル・シンガーズのバロック風の楽曲に飽き足らず、ほかにないかとおもっていたら耳にはいってきたのが《Boplicity》だった。女声と男声がかさなったひびき、それも、ジャジィなちょっとにごる音のまじりがいい。歌詞があるのに、楽器のかさなりのような。Les Double Sixはクインシー・ジョーンズやディジー・ガレスピーとしごとをし、《チュニジアの夜》や《ナイマ》《モーニン》などもレパートリーにしていた。
あらためてLes Double Sixを聴いたときには、フランス語の

早口に驚いたし、なんというか、二十世紀フランス文学のことばあそび的な部分(Oulipoとか)とのシンクロとか、六〇年代のジャック・ドゥミ／ミシェル・ルグランによる『シェルブールの雨傘』『ロシュフォールの恋人たち』との同時代性をおもったりした。でも、そんなのはあたりまえ、なのだ。スウィングル・シンガーズにはルグランの姉・クリスティエンヌがいたし、と、べつべつだったものがひとつところにまとまってくる気がしたのだったけれど。

こんなヴァイオリンの音

ジャン＝リュック・ポンティ『ENIGMATIC OCEAN』

いきあたりばったりにきくばかりだったから、ときどき、とんでもなく常識はずれのことがあり、じぶんとしてはおもしろいのだけれど、ひとからみると軽蔑に値することだってある。あるんだろうとおもう。

ジャズにおけるヴァイオリンもそのひとつ。先達はいくらもいたが、適当に目のつくあたりから接しているだけだと、なかなか出会えない。ましてやジャズに親しんでいたのは一九七〇年代半ばあたりからだ。ステファン・グラッペリもジョー・ヴェヌーティもジャズの新しいながれのなかで見えにくくなっていたし、かといってディディエ・ロックウッドやレジーナ・カーター、あるいは金子飛鳥や寺井尚子、里見紀子はまだ先だった。

ラジオからながれてきたのは、クラシックのひびきとはあきらかに違う、弦のまわりにちょっと別のあわあわしたものがついている、不思議なヴァイオリンの音だった。

急速なパッセージを奏で、シンセサイザーに手渡される。

タカタカタカタカ、チリチリチリチリ、ツ、チャーン、チャーン、と、この「チャーン、チャーン」というのは、ちょっとはなれた関係の和音がつながるところ。この頃のフュージョン系の演奏にはしばしばあったスタイル。比較的小さな編成で、大袈裟ではない。あかるいだけではなく、プレイヤーの技量が反映されている。ジャン＝リュック・ポンティ、後に一九七〇年代あたりのアルバム・ジャケットをみると、スーツ姿で髪も短い、ヴァイオリン奏者だった。

アルバムの録音は一九七七年。ジャケットは髭面のポンティ。LPだと顔だけの三〇センチ四方は迫力がある。


ジョン・マクラフリンの「マハヴィシュヌ・オーケストラ」でのヴァイオリンも聴いていた。こちらはジェリー・グッドマン。何枚目かのアルバムでポンティに代わったのだったが、耳にしていなかった。だから、このポンティの《Enigmatic Ocean》で新たな驚きがあった。とはいえ、エレクトリックなサウンドといえば、やはりマイルスの複雑さが尾をひいていたから、せいぜいエンタテインメント的にきくのみ、だった。

それに、ヴァイオリンそのものの可能性というよりは、ある抽象的な楽器の機能、弾ける楽器で弾いているという以上のものを感じなかった。不満といえば不満だった。でも、ヴァイオリンがつかわれるというそのことに何かしら、この時期としては、引っ掛かった。ヴァイオリンがジャズというジャンルのなかで新しいプレイヤーを生みだすようになるのは、先にもふれたように、もうすこし先になる。

ぬかすことででてくる妙

カウント・ベイシー『STRAIGHT AHEAD』

コードがふってあるからといって、そんなに弾かなくてもいいんだ。

ドラムスとベースがビートをきざんでるんだから、ピアノは必要なところだけちゃらっとやったほうが生きる。

先輩は言うのである。

原曲はまだ聴いていなかった。

パート譜をわたされただけだったから、全体がつかめない。やれることをやるだけだったし、仕方ない、言うとおりにした。その曲では、数カ所、他の楽器が休止だったり、ちょっと間をあけるときに、ささっとピアノがはいる。オクターヴで数音、右手で数音、といったように。

ほかの曲では、大体弾きっぱなしだった。

左手でベース、右手で、ちょっとずらせてコード。それが多くのパターン。でも、この曲は、もっと「すき」があいていて、それを生かすことが大切だった。

「音楽部」と名がついていたが、いろいろな音楽ができるわけではなかった。そこにはいったら、ひとつのことしかやらない。ブラスバンドもどきにはいる。もどきとはどういうことか。ブラスバンドのつもりだったが、メンバーが足りず、実質上、ビッグバンドなのだった。中学になって、何か新しい楽器をやりたいとおもって、部室に行ったのだが。

オーボエがやりたい。そもそも楽器そのものがない。じゃあ、ホルンは？　でてきたのはメロフォンだった。

メロフォン？　オレはフレンチ・ホルンがやりたい！　だったけれど、学年が上の、高二の部長に言う勇気はなかった。しばらく練習して、音階ができるまでになったら、やっぱり集団行動は苦手だ、と入部せずに済ませてしまった。昔から身勝手だったのだな。

二年して、ビッグバンドとしてはピアノが必要だから、「入部」じゃなくていいから、数カ月手伝ってくれ、となった。結果的にいえば、集団行動は変わらず嫌いだと再確認したが、いまおもうと、短期間でも属していたから学べたことも多かった。演奏できるものをやっていたから、ジャズにこだわらず、音楽のジャンルはあまり関係なかった。無節操だった。エリントンがありベイシーがあり、サド・メルがあり、クインシーがあり、ビートルズやバカラックのアレンジがあった。

「すき」があいている曲は《Queen Bee》といった。カウント・ベイシーの有名なレパートリー。あとになってから、アマチュア・ビッグバンドの定番と知った。大学生くらいがやるのだろうか。こちらは中学三年で、ベイシーというひとがどういう位置づけなのかもわからなかった。

同級の部員たちは「♪クック、クック、ク〜インビー」なんて、うたっていた。クインビーというチェーンのキャバレーがあったのではなかったか。ほかにもベイシーを一曲やったそれは忘れてしまった。


《Queen Bee》はミディアム・テンポで、ちょっと色気がある。四本とか五本のサックス――「クラブ」ではクラリネットがはいっていた――がレ・ド・シと下がってきて、ソまで来たらまたレまであがるのだが、ここがレガートになると色っぽい。ブラス・セクションがタタン、タタン、タタン、タタン、とあがっていくのもシャレている。合間合間にピアノが一本指でも弾けるような、でも、わさびのような、ちらっと気の利いたパッセージを入れ、サウンドをリラックスさせたりひきしめたり。サックスとブラスが交代したり、途中でかぶってきたりするのもいい。

お、ペットがなったから、こっちがこたえなくっちゃ、というふうにやりとりがある。

大編成のオーケストラだったら、パート譜をこなすだけなのかもしれないけれど、二十人もいないような編成で、しかも一曲一曲は短いときているから、その短さにぐっと集中する。各パートに出番があるというのもいいものだ。ましてアマチュアである。張り合いもでる。なかなかおもいどおりにならないのが中高生なのだが。

ベイシーをいま聴くことは滅多にない。ベイシーが速弾きでばりばり弾くのにも親しんだ。でも、ベイシーをとおして、ジャズがつねに音をならしている音楽ではないこと、あいだをぬかすことででてくる妙というのを知ったのだった。

アンサンブル・オーガナイザーとしてのミンガス

チャールズ・ミンガス『CUMBIA & JAZZ FUSION』

鳥の声がするせいか。この野性味、この躍動感、「戸外」感はなんだ。ほおっと胸に空気がはいってくるかんじ、海の清々しさというよりは、森林の少しむっとする、植物の呼吸が満ちているあおさ、とでも言ったらいいか。

オーボエだろうに、妙に荒々しい、葦をそのまま笛として吹いているかのような。ユニゾンで吹かれ、ときどきちょっとずれる。あとうちのビートが支えている。だんだん音が増えてくるなともっていると、ベースが、4ビート、二小節一クールで、延々とくりかえす。いろいろな楽器がでたりはいったりして、十五人以上のアンサンブルの輪郭が現れてくる。

クンビア(Cumbia)は、コロンビア、カリブ海沿岸のダンス音楽、という。アフター・ビートも特徴のようだから、冒頭部はそこに由来するのだろう。伝統的なクンビアは、二本のガイタと呼ばれる笛と二つの太鼓で奏される。ケルト系のバグパイプをしばしばガイタというので、やはりオーボエに割り当てられているひびきは、クンビアを意識しているにちがいない。

ミンガスのいい聴き手ではなかった。でも、これがFMで放送されたとき、小さなラジオのスピーカーに、乗りだして聴きいった。

「フュージョン」ということばは出始めた頃だったか、一般的に知られているフュージョンじゃ全然ないやとおもいつつ、これこそがほんとの意味でのフュージョンなんじゃないかと胸を熱くした。

かつてNHKのFM、夜の八時の時間帯は貴重な情報源だった。中高生は大抵そのくらいには帰宅しているので、ほとんど渇いたように聴いた。海外のクラシックの音楽祭、ジャズの新譜、などなど。そうしたなか、このアルバムもあった。

アンサンブルであるがゆえの構成。音楽のスタイルも一様でない。ジャズだけど、ジャズいがいのものものはいっている。

交互にやってくる、演奏を楽しんでいるのが伝わるソロ。

組曲形式というわけでもないのに、曲が何度かぱたっと変化する。アクセントの位置やテンポ、曲調が変わる。それでいて有機的につながって。

ピアノのソロには、ちょっとエクゾティックな、イスラム的なとでも呼べるようなモードも通り過ぎる。

ダンサブルなところもある。途中でまた鳥の声も。ふっとユニゾンになったりハモったりも。

一九七六年の録音。ミンガスが亡くなる三年前。強面で、眉間に皺を寄せ、政治的な発言をおこない、がっちりとベースと組んで演奏するミンガスとはちょっと違う。もっとリラックスしながら、風とおしのいいアンサンブルを組織するオーガナイザーとしてのミンガスがここにいる。


タイトル曲の終わりのほうに、いきなり声がでてくるのにも驚いた。声といってもうたと語りの「あいだ」なのだ。当時はまだ日本には届いていなかったからよくわからなかったが、いま聴くとラップとつながっているものがある。いや、アフリカのグリオや、あるいはマルコムXの演説といったものとのつながりもあるのかもしれない。アメリカで「ラッパー(rapper)」なるコトバが生まれるのは七六年らしいが、このアルバムもその年の作であるのは、偶然か。いや、きっとそれ以上のシンクロニシティがあるのだろう。

ＬＰでいえば、Ａ面Ｂ面それぞれ一曲ずつ。どれも長いが飽きたりなんかしない。Ａ面の《Cumbia & Jazz Fusion》に対して、Ｂ面《Music for "Todo Modo"》は、もともとが映画の音楽だから、いささか構成が弱い。複数のシーンに対応する音楽をつなげているので、悪くはないが、切れ切れの感は否めない。最後が特に、あれ？　これで終わり？　というふうなのも残念。とはいえこれは個人的な感慨にすぎない。

久しぶりに聴いたらミンガスの自伝が読みかえしたくなった。手近なところにあったかしら。

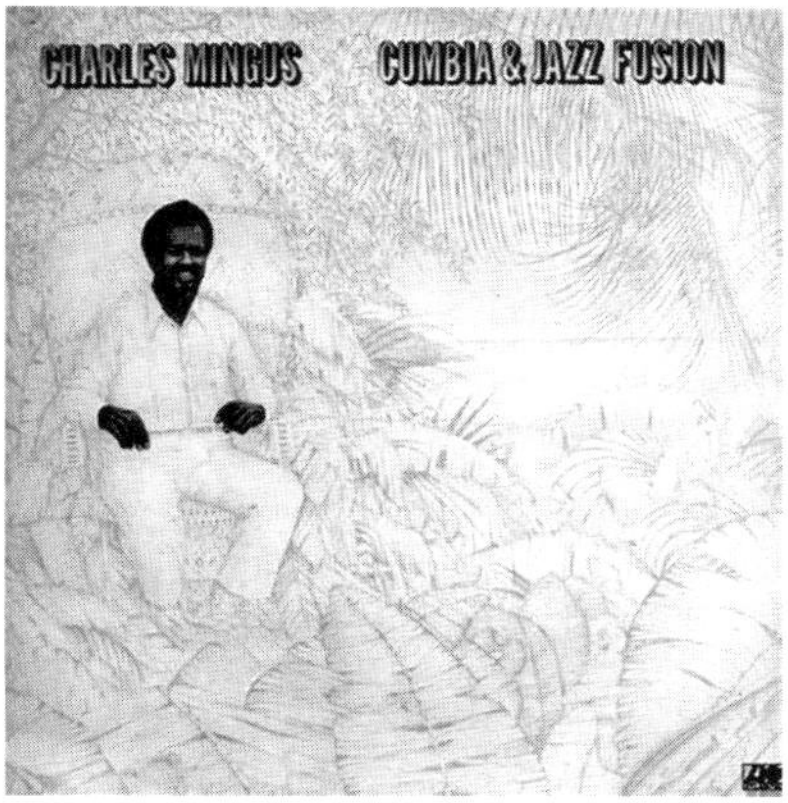

肉感性をもつピッツィカート
ロン・カーター『PASTELS』

いろいろなところに顔をだしている、録音に参加しているのだから、スゴいアーティストなのだろう。それをいまひとつぴんとこないなどというのは、ベースの良さがわかっていないからだ。ききかたがなっちゃない。

そんなふうにおもいながら、ロン・カーターを何枚も聴いた。

参加しているのならいい。この安定を持続するには力量がいる、と納得する。なのに、リーダー・アルバムになるとぴんこない。

わかっていない、という意味では、いまだにそうかもしれない。

何がだめか、苦手かというと、ピッツィカートしたあとのポルタメントである。ぐぅん、ぐぅん、という素早い音が、ソロだと目立って、生理的に、これはちがうんじゃないか、と感じてしまう。

一九七〇年代の終わりくらいから八〇年代のはじめくらいまでは、ピッコロ・ベースなる、ダブルベースとチェロの中間の楽器をつくったり、弦楽オーケストラとか木管アンサンブルと一緒にやったりと、アルバムに毎回趣向を凝らしていた。マッコイ・タイナーがいろいろな編成で録音するのともシンクロしているようだった。

『パステルズ』も弦楽がバックにある。どこかのジャズ喫茶にいたとき、大音量でかかり、包みこまれるような印象を抱いた。これはいいかもしれないとおもったが、自宅のステレオではさほど感じなかった。

弦楽のなかで、ベースのピッツィカートが、一種の肉感性をもってうごく、そのさまは感じとれてはいた。あいかわらず、ぐぅん、ぐぅんという音はあって、それには、何とも反応しかね――つづけた。とりあえずタイトルに「パステルズ」とつけた意図はわからなくもなかったから、ちょっと安心したりもし。

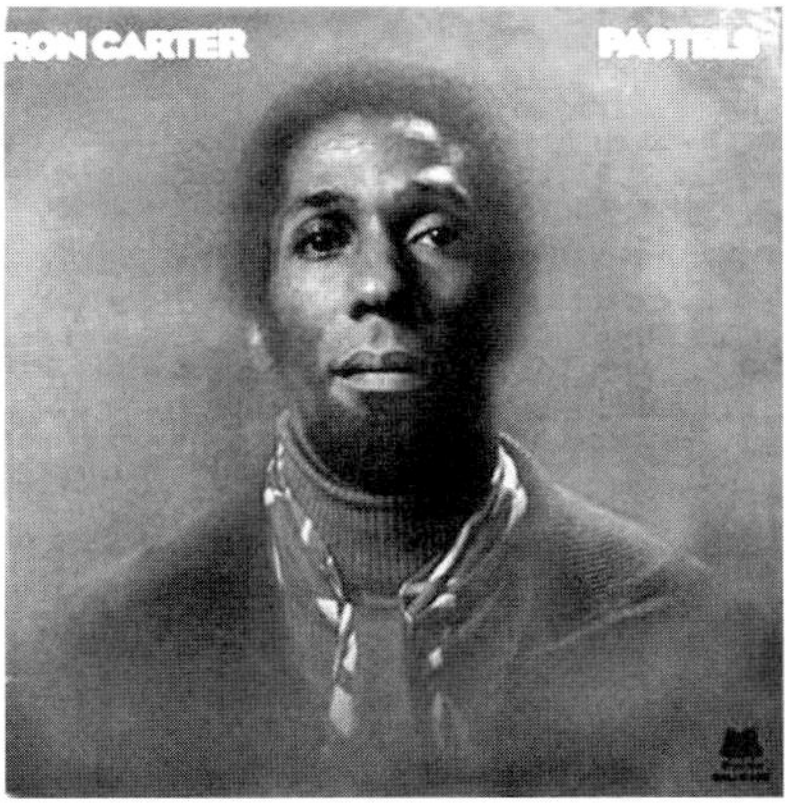

バッハ《無伴奏チェロ組曲》をピッツィカートだけで弾くというアルバムもでて、こちらはこちらでよく聴いた。倒錯しているとはおもうけれど、この名曲に親しんだのは、オリジナルのチェロ版、名手が弾くチェロではなく、ベース／ロン・カーター版だった。

この調律は

ダラー・ブランド／アブドゥラ・イブラヒム『african piano』

どうしてこんな音がでないんだろ、とその子は言うのだった。

いろいろな音楽の話をした。何が好き。何がおもしろい。ともに作曲をやろうとおもっていた。「現代音楽」の方向性で。でも、ジャズの、ロックの引力もつよかった。「ここ」にいても、そっちに少しずつ引っ張られているようだった。

たとえばレオン・ラッセル。たとえばアラン・ホワイトのリーダー・アルバム『ラムシャックルト』、ケン・クラドック。たとえば、マイク・オールドフィールド『チューブラーベルズ』の下降する和音(のくりかえし)。そうしたロック・ミュージシャンのピアノの音、クラシックのデリケートさとはちがった音。クラシックはクラシックでいいけど、こんな音がだしてみたい。

そんなところで共感しあった。いまは、たぶん、映画やアニメの音楽をしごととしてやっているはずだ。ずっとつきあいはない。あっちも忘れているだろう。

ダラー・ブランドの音にはさらに震撼させられた。

ピアノで何かすごいことが起こっている。

はじめてのときはそんなふうに感じた。骨太な音だ。小器用に弾くのではない。キレイにひびかせるのでもない。左手のオスティナート。ちょっとくるっているようにきこえる調律。

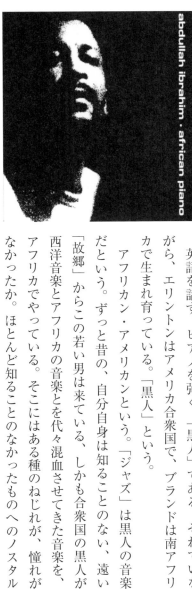

ダラー・ブランドは一九六〇年代、南アフリカでリリースされた最初のジャズ・レコードに参加した人物。みずからの名義でレコードをだすのはヨーロッパに出掛けた後で、デューク・エリントンに後押しされたから、ではなかったか。エリントンはどうこのミュージシャンのことをおもったのだろう。

英語を話す。ピアノを弾く。「黒人」である。それでいながら、エリントンはアメリカ合衆国で、ブランドは南アフリカで生まれ育っている。「黒人」という。

アフリカン・アメリカンという。「ジャズ」は黒人の音楽だという。ずっと昔の、自分自身は知ることのない、遠い「故郷」からこの若い男は来ている、しかも合衆国の黒人が西洋音楽とアフリカの音楽とを代々混血させてきた音楽を、アフリカでやっている。そこにはある種のねじれが、憧れが、なかったか。ほとんど知ることのなかったものへのノスタルジーも。いや、これはエリントンともブランドとも関係がない。ただの妄想にすぎない。

アパルトヘイトが法制化されるのは一九四八年。ブランドは一九三四年の生まれだから、十代半ば。そうした情勢が始まったなかで、「ジャズ」をやる。アフリカの音楽でありつつアフリカの音楽でない音楽を。

ダラー・ブランドがアブドゥラ・イブラヒムと名乗るようになったのはいつからだったか。しばらく、それと知らずに、別のアーティストだとおもっていた時期もあった。

冒頭に収められた曲は《bra joe from kilimanjaro》。

タイトルは大抵忘れてしまうので、このページを書くにあたって、確認した。たまたま手にしたアル・ゴアの『不都合な真実』(ランダムハウス講談社)には、二十世紀後半から二十一世紀はじめにいたる数十年における地球の温暖化の問題が数々のデータと写真で示されているが、なかでも、キリマンジャロの雪がすっかり減っていたのには、静かな驚きをおぼえた。キリマンジャロ……へミングウェイ、マイルス……あるいは、コーヒー、といった連想しか、写真を見た以外にはないのに、である。

当時のつれあいがパリから、二〇〇二年の『African Magic』を買ってきた。すでにリリースされてから何年か経っていた。あまりアーティストの名など気にしないそのひとは、アブドゥラ・イブラヒムがダラー・ブランドであったことなど知らないし、興味もなかっただろう。偶然、というよりは、ジャケットで選んだとおもう。ＣＤをプレイヤーにかけ、久しぶりに耳にした音は、すっとのびる広がりと深みを持っていて、山奥の沼を想わせてくれる。キリマンジャロ？　まさか。

親しみをおぼえる弾き方
レッド・ガーランド『AUF WIEDERSEHEN』

名前は知っているのに、音楽はあまり聴いたことがない、なんて例はいくらもある。どこかの誰かの演奏に参加しているのに印象が薄く、リーダー・アルバムを聴かなくてはとおもいつつ、何となく過ぎてしまって、というようなのも少なくない。知りたくなったらすぐネットで検索、なんて時代になるまでは。

レッド・ガーランドもそのひとり。

元がボクサー。

マイルスのところにいたことがある。

一度引退した。

そんなことはわかっているが、あまり知らない。聴いたのはこの、ひとたび引退した後の復帰作、一九七一年五月の録音だった。

どこかの店でかかっていた。

十代の、当てずっぽうな聴き方の頃は、レッド・ガーランドの「ブロック・コード」なんて知らない。ただ、やたらと左手でコードを弾いて、右手がインプロをとる、という印象だった。クラシックでいえば、密集和音か。

「和声学」の教科書では、密集和音は避けたほうがいいとされる。適当に音と音との間隔をあけてとると、いいひびきになる、と。やってみればわかる。

逆に、ジャズのコードネームをおぼえはじめの頃は、左手に和音が偏ってしまうのもよくあることで、その意味でガーランドの弾き方にはちょっと親しみを感じた。

右手左手が分離したような弾き方をするかとおもえば、ときには、両手が合わさって、何回もおなじ和音を叩く。叩くというより、ぐ、ぐ、ぐ、と押しだすよう。
サム・ジョーンズのベース、ロイ・ブルックスのドラムスがいいバランスで、ピアノ・トリオというのも悪くないなと認識を新たにした。ピアノ・トリオの好感度アップのアルバムだった。ピアノ・トリオは退屈で、サックスが欠かせない、などとおもいこんでいたりした。偏見はさまざまだ。
アルバムを愛聴したとはいえない。なかなかレコードに出会わなかった。買おうとおもってもみつからなくて諦めてしまった。それが一九九〇年代の終わり、二十世紀もぎりぎりのところで、ＭＰＳレーベルのサンプル・アルバムが送られてきたなかにあった。タイトルも忘れていた。聴いてみると、あ！　あれだ！　と膝を叩いた。懐かしいというよりは新鮮な再会、だった。

能天気さの楽しさ
シェリー・マン『modern jazz performances of songs from MY FAIR LADY』

「マイ・フェア・レディ」というのに、なぜオードリー・ヘップバーンの写真ではないのか？　レコードをはじめて手にしたとき、抱いた。すくなからぬ人は、いま、このタイトルをきいたら、もともとのミュージカルはブロードウェイで初演されてというのを知っていながら、でもやはり、オードリーの華やかな姿を想起してしまうだろう。すりこみ、なのだ。

あらためてアルバムを引っ張りだし、オリジナル・タイトルをみなおして驚いた、いや、呆れた。こんなふうだ――

Shelly Manne & his Friends modern jazz performances of songs from MY FAIR LADY

ながい――省略せざるをえないが――でも、ほんとはこうなんだな、と納得。

アルバムにはハーヴィー・マンの名が先にクレジットされるが、お目あてはピアノのアンドレ・プレヴィン。ベースのリロイ・ヴィネガーが加わったピアノ・トリオ。

プレヴィンはそもそも映画版『マイ・フェア・レディ』、言うまでもなく、先に触れたジョージ・キューカー監督作品、オードリー・ヘップバーンとレックス・ハリソン主演、のオーケストラを指揮しているが、間違えてはいけない、このアルバムのほうが「先」である。こちらの録音は一九五六年、トータルで三十六分程度と短い。映画はといえば、一九六四年の制作で、アルバムより随分あとだ。ミュージカルとしてブロードウェイにかかったのは一九五六年だから、アルバムは文字どおりすぐ、ロングランをつづけているうちにささっと録音したのかもしれない。冒頭の疑問も氷解する。アルバムがリリースされた時点で、オードリーのイライザは存在していない。でも、きっと、このジャケット、当時は魅力的だったのだろうな。ピンクのちょっと濃くなった下地に、文字と写真があって、イラストで描かれた鳥たちが三羽、帽子にとまっている。それをカップを手にした女性が斜めに見上げ……。

おしゃれである。でも、音楽はちょっとだけ物足りない。〈きみの住む町で/On the street where you live〉のようにバラード調ならいいのだが、調子のいい曲ほど、逆に、わざわざピアノ・トリオでやるには、と感じてしまう。それに、弾き方が「時代」を感じさせる。ハーヴィー・マンにおもい入れはない。当時も、いまも、ない。残念。

とはいえ、いま聴いてみると、一九五〇年代の、ビ・バップ系とは別のところでやっていたドラムスとしてはこんなところだろう、とおもわぬでもない。そうした曲調とは別に、プレヴィンの音、タッチは美しい。さらにいいのは、演奏が楽しげであること。

能天気さがジャズという即興を生かした音楽と結びつくときの楽しさがあり、それが三人に共有されている。語法の点で時代の刻印、言い換えれば、ちょっとした古さがありながら、いまでも聴きたくなるのは、曲の良さ、曲への親しみ（映画『マイ・フェア・レディ』は好きだ）もさることながら、こうした空気感からだ。

このアルバム、勧めてくれる友人がいた。プロのドラマーになったTだ。秋田の高校のマーチングバンドでスネアを叩いていたTは、大学ではジャズのサークルに所属。キャンパス内でばったり会うと、音楽のはなしをした。ほかの学友と音楽のはなしをすることはなかった。クラシックについてもジャズについても分け隔てなくはなしができるのはTだけだった。
いろいろな音楽の話をした。よくおぼえているのは、『ビッチェズ・ブリュー』がわからない、評価できない、と意気投合したこと。「プレヴィンがやってる『マイ・フェア・レディ』はいい」と教えられたことだ（『ビッチェズ・ブリュー』再発見はまたべつの歴史だ）。
プレヴィンと言われると、お、とおもう。十代のとき愛聴したガーシュイン作品集の弾き振りが、この人物。収録されていたのは《ラプソディ・イン・ブルー》《パリのアメリカ人》《協奏曲ヘ調》。その頃、ジャズ・ピアニストでもあって、との情報を耳にして、じゃあ、ガーシュインはいいだろうと手にとった。

はて、では、八〇年代以降、プレヴィンの演奏で何か親しんだものがあっただろうか？　ううむ……しばらく考えた末、浮かんだのはラヴェルのオペラ。これはアンセルメ盤のほかにあまり入手しやすいものがなかったらかもしれない。

ちなみに、旧ソ連の体制を含意した《良い子はみんなご褒美がもらえる》なる演劇とオーケストラを組みあわせたプレヴィンの稀有な作品——テクストはトム・ストッパード——を知るのは、二十一世紀になってからのこと。

まとまりすぎて
カーティス・フラー『BLUES-ette』&ソニー・クラーク『COOL STRUTTIN'』

村上春樹の小説『アフターダーク』に、こんな言及がある。

でもとにかく、A面の一曲めに『ファイブスポット・アフターダーク』っていう曲が入っていて、これがひしひしといいんだ。トロンボーンを吹いているのがカーティス・フラーだ。初めて聴いたとき、両方の目からうろこがぼろぼろ落ちるような気がしたね。そうだ、これが僕の楽器だって思った。僕とトロンボーン。運命の出会い。

トロンボーン奏者、カーティス・フラーのリーダー・アルバム『ブルースエット』は、上に引いた一節にもあるように、アルバム冒頭、テナー・サックスのベニー・ゴルソンによる《ファイブスポット・アフターダーク》で、フラーとゴルソンのほか、ピアノはトミー・フラナガン、ベースはジミー・ギャリソン、ドラムスはアル・ヘアウッド。タイトルの「ブルースエット(Blues-ette)」

は、「ブルース」と「小さい」とか「まがい」を意味する接尾辞を、わざとはなしつつ、つないでいる。ジャケットは全体的にぼやけていて、中央にコーヒー色の女性がいて、オレンジ、ブルーのケープを風になびかせているような。演奏を知らなくても、ジャケット・デザインは知っているひともいるくらい。

一九五九年録音で、この年はジャズ系だけでも、デイヴ・ブルーベック『Take5』、マイルス・デイヴィス『Kind of Blue』(《So What》収録)、チャールズ・ミンガス『Good Bye Pork Pie Hat』、オーネット・コールマン『The Shape Of Jazz To Come』(《Lonely Woman》を収録)、バド・パウエル『The Scene Changes』(《Cleopatra's Dream》収録)が録音あるいはリリースされている。ほかにもボサノヴァの《Orfeo Negro／黒いオルフェ》、ミュージカルの《My Favorite Things》、R&Bの《What I Say》なんかもおなじころ。それこそのちにスタンダードとなる多くの楽曲が同時多発的に生まれた。レコードなるものの普及、というより、録音文化とかレコード芸術とでも呼ぶべきものが広まり、定着した時期と言い換えていい。

前年、一九五八年にはハード・バップを代表する、ピアニスト、ソニー・クラーク『Cool Struttin'』があり、こちらもタイト・スカートでハイヒールというジャケットでも知られる。第一曲目が《クール・ストラッティン》で、二曲目の《ブルー・マイナー》ともども、よくジャズ喫茶でかかっていた。アルト・サクソフォンはジャッキー・マクリーン、トランペットはアート・ファーマー、そしてリズム・セクションはポール・チェンバースのベース、フィリー・ジョー＝ジョーンズのドラムス。

　引いた二枚のアルバムは、くりかえしになるが、ジャズのリスナーには音楽も、ジャケットも、よく知られている。とはいえ、わたしじしんはといえば、くびをかしげる。演奏はいい、とおもう。村上春樹が書いていることにも、うん、うん、と納得する。それでいて、好きかといわれると、そうでもない。それはタイトル曲のメロディがどうも、ということに尽きる。いや、ジャズの場合、題材となっている曲よりも演奏でしょ、というのはよくよくわかっているつもりだが、どちらも、楽曲のつくりが妙にまとまりすぎている気がする。ジャズでしょ、ってかんじも鼻につく、と言ったらいいか。

　三連符のリズムにのって、シ・レ・ファ♯・シ・シ・シ(ー)・レ・シが二度くりかえされる。四度あがって、ミ・ソ・シ・ド♯・シがやはり二度きて、また戻る。たぶん、いつの時代でも、すこし前にはやったスタイルに対する反発を抱くひと

がいて、わたしはといえば、このあたりが苦手だった。ジャズについての歴史認識はないに等しかったのに、である。なぜなのかはわからない。もっと前のものだってちゃんと受け入れるものはあったのに、どうしてこのあたりにぞわぞわしてしまうのか。いまはふつうに聴ける。でも、じぶんから好んでではない。ジャズにかぎらず、音楽にかぎらず、いや、すべてにおいてかもしれないが、何がどんなところで好きだったり嫌いだったり、得意だったり不得意だったりするのか。アタマでは割り切れないところがヒトのヒトたるゆえん、おもしろいところ、としておきたい。

サックスの巨人がここに！
ソニー・ロリンズ『SAXOPHONE COLOSSUS』

一九七〇年代であっても、どこかで何回も耳にすることができた。だからアルバムを手にとおして聴いてみると、あ、このフレーズは知っている、とか、このサックスとドラムスの掛け合いはこれだったのか、とか、まさにデジャ・ヴュ（既視感）ならぬ、デジャ・アンタンデュ（既聞感）がつよかった（巷で、「デジャブ」「デジャヴ」と書いてあるのを見ると、つい、イライラする）。

ロリンズは、最初、ＴＶで見た。

一九七三年に来日した際、音楽番組に出演。増尾好秋がメンバーとして加わっていた。番組では《セント・トーマス》を演奏、印象深く、記憶に残った。どこかで耳にはいってくるたびに、番組のこと、ロリンズと増尾のギター・プレイが想いだされた。

最近知ったが、増尾は早稲田出身で、サークルの同期にはタモリがいたそうだ。何ということもないかもしれないエピソードだが、やはり、へえ、と一瞬おもう。

アルバム冒頭、〈セント・トーマス〉でマックス・ローチが叩くトムトムは、お、アフリカン！　そこにはいってくるロリンズの音＝色と音のならびは、ラテン調とでもいおうか。このローチとロリンズの音に、カリブ海あたり、どこかしら、楽天的なクレオール性を感じる。無責任だしきれいごとかもしれないが、アフリカンとヨーロピアンの、ヴードゥーとキリスト教の、ユートピア的な結合が、音楽的にあらわれている、かのような。そこにはロリンズの屈託のない、ストレートな音＝色の力が大きい。どんなフレーズでもホーンを上下に揺らしながら、楽しげに吹いているロリンズのテクニックもあるだろう。音楽的な語り口に革新をもたらしたかどうかはわからぬが、ロリンズにはこのポジティヴな音＝色がある、だから、これでいい。歴史は革新の持つ意味が大きいが、そうでないものにも支えられている。そんなふうにおもう。

〈ストロード・ロード〉での、ロリンズとローチ、二人の短いフレーズの掛け合いは、スタジオ録音で、しかも耳に胼胝《たこ》というくらい聴いているのに、「わかってはいても」、やはりライヴであるかのような「ジャズの醍醐味」。

トミー・フラナガンの、アンサンブルのなかでの、ぽ、ぽ、ぽ、ぽ、というピアノは、余計な自己主張はしないながらも、全体のタテの骨格を支え、休符のはいったシンコペーテッドなリズムが、音楽をすっ、すっ、と先へとスムーズに押しだす。それに、〈モリタート〉でのフラナガンの合いの手はどうだ。

勤めていた会社近くの八重洲ブックセンターで、ラズウェル細木の『コンプリート・ジャズ・コミック・コレクション』(双葉社)を見掛けたのは一九九二年。新刊として平積みにされていたのだが、レコード店の「エサ箱」なるものを漁る、とか、「サキコロ」が云々などという表現がでてきて、こうしたジャルゴンに新鮮な驚きをおぼえた。勝手に音楽を聴いているだけで、ジャズを語る(その他の音楽も、だけれど)などという「仲間」を持たずにいたし、ジャズ雑誌もろくに手にしたこともない身には、時代遅れのはずなのに不思議な新鮮さと、同時に、羨望と苦手のアンビヴァレンツを感じた。『サキソフォン・コロッサス』を「サキコロ」と略すと知ったのがこのときとは、いやはや、遅いったら。

とはいえ、このアルバムには、あまりに典型的な「モダン・ジャズ」であり、「ジャズ喫茶」やジャズとつながっている場の香りが濃厚にすぎる。あらためて自分の部屋で聴いても、ここが別のところなんじゃないかと、目にはいってくるものも何も違うのに、意識だけが、移っている。

バックトラックは

勅使河原宏に『東京１９５８』という短篇映画がある。短く、タイトルどおり一九五八年の東京のさまを撮影、語りと視線は外国からやってきた者という設定だ。極東の列島に住む者にとってはあたりまえでも、西洋人にとって奇異な光景、か。街の光景、美容体操、化粧の様子、宮城、ごみが堆積し風に吹かれて飛ぶ夢の島。あいだに、浮世絵の飛脚が画面を横切り、歌舞伎絵の表情が歩行者にかさねられる。江戸と昭和のオーヴァーラップ。ドキュメンタリーを装いながら、これはフィクションだろうと気づかされるのは、のど自慢のシーン。賞をとった若い女性が賞品をうちに持って帰ってくる。どぶ板のある長屋のようなところで、母親は内職をしている。運びこまれる大型家電製品。

「素人ジャズのど自慢」と垂れ幕のあるステージで、「しろうと」がふりをつけながらうたう。伴奏はアコーディオンとピアノ。うたの終わりでテューブラーブルが打たれ、評価が。いまはもう見掛けない、かつてはＴＶでも放送された「のど自慢」の風景。「ジャズのど自慢」と謳いながら、歌われてのはロカビリーなど。わかってくるのは、「ジャズ」という語の幅広さ、マイク・モラスキーのことばを借りれば「戦後日本のジャズ文化」の、大衆的な洋楽をひっくるめて「ジャズ」と呼んでいた時代のさま。

ジャズが洋楽をさす。先の映画の翌年生まれのものには違和感がない。まわりにいるおとなたちすべてがではなかったし、親たちはもうすこし狭くとらえてつかっていたが、祖父母の世代はふつうにそういうことばづかいをした。笠置シヅ子があらためて脚光をあびた――二〇二三年の秋から翌二〇二四年三月まで連続テレビ小説『ブギウギ』――が、祖父母や両親は、ジャズという呼称というより、新しい音楽そのものとして、《東京ブギウギ》《買物ブギ》や、黒澤明の『酔いどれ天使』の挿入歌《ジャングル・ブギ》にふれていた。こちらがものごころつく六〇年代でも、ジャズではなくても、ジャズっぽいものはずっとあったし、サウンドスケープの一部となっていた。

子ども用の音楽もあった。童謡やあそびうたは生きていた。TVでながれる子ども番組用の楽曲、アニメの主題歌がメディアからながれてきた。母はギターを弾いたし、学校ではフランスの民謡を歌い、下校時間には(スール・スーリールの)《ドミニク》がながれた。ピアノではツェルニーやブルクミュラーを弾いた。祖母が町会のだしものとして民謡を練習したし、商店街ではちんどん屋がながしていた。商店は魚や野菜をふしをつけて売っていた。ジャズもクラシックも歌謡曲も、まぎれ、まざって、記憶のなかで音楽の一部となった。

映画からもジャズはながれてきた。想いだしてみると、『アメリカ交響楽』(一九四五)、『グレン・ミラー物語』（一九五四）、『ベニイ・グッドマン物語』（一九五六）、『上流社会』（一九五六）、『5つの銅貨』（一九五九）あたりか。年代なんか知らない。あらためて調べ、カッコに括った。ほとんどモノクロ。ものごころついてからTVでみたのだろう記憶にあるのは、ルイ・アームストロングが目を大きくひらいて吹くトランペットとしゃがれた声。歯をむきだす剽軽な笑い顔。ダニー・ケイ演ずるレッド・ニコルズがトランペットを川に落とすシーン。クラリネットやトロンボーンという楽器の名もおぼえた。フレッド・アステア、ジーン・ケリー、アン・ミラーが出演するミュージカル映画もある。母親が好きだった。TVのみならず、映画館でも。ある時期まで、映画館でみるのはミュージカルか特撮映画。

TVの歌謡番組で歌手のバックで演奏しているのはビッグバンドだった。八〇年代のはじめころまで、「電化」されたロック・バンドが主流になるまでつづいた。中森明菜の《TATOO》は八九年だが、バックのダンサーたちはトランペットを吹いているかのようなふりつけで、もうビッグバンド的なサウンドがノスタルジックにさえ感じられる、時代的距離がとりこまれていた。スマイリー小原とスカイライナーズ、岡本章生とゲイスターズ、小野満とスイングビーバーズ、宮間利之とニューハード、原信夫とシャープス&フラッツ、高橋達也と東京ユニオン、ダン池田とニューブリード。この番組ではどのバンドがついているのか、ちょっと気にしたりした。ブルー・コメッツの《ブルー・シャトウ》を画面でみていたギターの三原綱木が、のちにニューブリードで指揮しているのには驚いた。おなじブルー・コメッツでも井上忠夫のほうがビッグバンドと相性が良さそうにおもえたから。びっくりしたのはスマイリー小原。踊るのだ。踊って指揮する。指揮といってもクラシックとは違い、ノッて、カラダがうごく。ほとんど正面をむき、膝を曲げ、腕はからだからはなして。みたことないよね、あんな指揮、と母と何度となく笑った。後年、あまり踊らなくなったスマイリー小原に、勝手に悲哀を感じたりしたのだったが。

十五年くらいつづいた『8時だョ！　全員集合』にもビッグバンドはでていて、とくに七三年からだろうか、志村けんがドリフターズのメンバーに加わってからは、ラテン系やディスコ系の曲もショートコントから教えられた。加藤茶の「チョっとだけよ」のミュート・トランペット（マルガリータ・レクォーナ《タブー》）、「ひげダンス」のベースライン（テディ・ペンダーグラス《ドゥ・ミー》）などはこどもにそれとなく世界のさまざまな音楽の断片を与えてくれた。

六〇年代から七〇、八〇年代はロックの時代だったが、ジャズはバックグラウンドにありつづけた。山下洋輔、坂田明の名もあり、タモリの出現とも相まって、ハナモゲラ語や「全冷中」こと「全日本冷やし中華連盟愛好会」のように音楽としてのジャズいがいのものとも結びつき、知られていった。並行して、いや先んじてアメリカで研鑽を積んだ渡辺貞夫がいた。ビ・バップ、ボッサ・ノーヴァ、アフリカのヴォキャブラリーはナベサダこと渡辺貞夫によって知られるようになったし、草刈正雄とブラバスのCFにでたりして、視覚的なイメージも広まった。クロスオーヴァーからフュージョンと、ジャズとロックが垣根を越えて新しいサウンドが、というのもある。アメリカからときどき「来日」する日野皓正、増尾好秋、福村博、あるいは十代でデビューした「天才ドラマー」、奥平真吾もFMできいた。いろいろなジャズがあった。南里文雄はすでに失明していたがその姿をTVでみたし、北村英治や藤家虹二、鈴木章治といったクラリネット奏者の、それぞれの吹く《鈴懸の径》に親しんだ。世良譲もよくブラウン管でみた。いわゆる「民放」の歌謡曲と、NHKで何らかのかたちで登場するジャズ・ミュージシャンたち――。

山下洋輔を引きながらタモリのことにもふれたが、ジャズと笑いは遠いものではなかった。西洋芸術音楽のシリアスなありように対し、おなじく海を越えてやってきた輸入ものではあっても、この列島古来の芸能と親近性もあったのだろう。ポピュラー・ミュージックなる語が流通するより前、ジャズはほぼそれに代わるものだったとはこの文章のはじめにも書いたとおりだが、たとえば戦後、ハナ肇とクレージーキャッツを想いだしてみる。音楽そのものの記憶は薄い。楽器も演奏できるお笑いとみていたのかもしれない。リーダー・ハナ肇のドラムスと、谷啓のトロンボーン、犬塚弘のベース、桜井センリのピアノは、背格好のコントラストだけでじゅうぶんおもしろかったし、人数が多いぶん、ときどき収拾がつかないところも笑えた。植木等をフィーチャーした無責任男シリーズなどの映画もヒットした。

ミュージカルを含むアメリカ合衆国からの映画のなかの笑いは、音楽とダンス、身ぶり、楽器――楽器そのものもヘンなものだし――を弾くことの非日常性や奇妙さもあわせもっていたんじゃないか。マルクス・ブラザースのハーポ・マルクスやグルーチョ・マルクスの楽器芸をおもいだしてみればいい。いや、芸術音楽だってじゅうぶん笑いのネタになった。アメリカのTV番組でそうした笑いにふれた。イギリスのマンガ家ジェラード・ホフヌングはユーモラスなクラシック・ネタで絵――一種のカリカチュア？――を描いた。夭折したもののちには音楽祭が催された。クレージーキャッツやドリフターズにもクラシック・ネタがあった。クラシック音楽の生真面目さもコントラストとしておもしろいけれど、ジャズの場合、音じたいや音のうごきもまた笑いをさそった。忘れることができないのは七〇年代終わりの生活向上委員会大オーケストラ。サックスの梅津和時、ピアノ原田依幸を中心としたフリー系の集団で、すこしあと「東京チンドン」をやったサックスの篠田昌已も在籍していた。原田依幸の書いた《変態7拍子》は、ときどき脳内再生して、景気をつけることがいまでもある。山下洋輔とはべつのかたちで、フリージャズの風とおしをよくした。それに、大きなフリージャズ系のアンサンブルは、ほぼ十年後に不破大輔の旗ふりで生まれる渋さ知らズと、つながっていないけれどつながっている、のではないか。

歌謡番組がほぼなくなった時代、恒常的な活動をおこなっているところはすくないかもしれないが、散発的、突発的に局地的に大きな編成、ビッグバンドはあらわれる。香取良彦が、合衆国と列島それぞれの地で異なったメンバーを編成したトム・ピアソンや藤井郷子が。渡辺貞夫や山下洋輔がビッグバンドやクラシック系のオーケストラと共演も。この列島のみならず合衆国でもヨーロッパでも活躍する挾間美帆がでてくるのはもうすこし先、二十一世紀も十年代以降だ。

歌謡番組のビッグバンド、視覚的にもサウンド的にも、あたりまえにうけいれていた一方で、あとになって、あれはビッグバンドじゃないか、と気づいたものがある。円谷プロの番組、ウルトラシリーズの第一作「ウルトラQ」のテーマ音楽だ。もともと「アンバランス」というタイトルの怪奇シリーズとして制作されていたが、途中で方向転換、怪獣ものとなった。シリーズは子ども向け、ヒーロー中心の特撮となるのは誰もが知っていようが、これだけちょっと異質なのは、そんな経緯による。音楽は宮内國郎が担当、うたをともなわないインストゥルメンタル。エレクトリック・ベースでファ・ラ♭・ソ・ラ♭の音型が弾かれ、(たぶん)閉じたハイハットの後打ちのうえ、フルートのフラッター・タンギング、ミュージカル・ソウのポルタメントがかさなる。それがサックス群へと発展、ブラスが応答してドライヴ感をつよめる。一九六六年上半期の放送だし、当時の受像機の音がクリアだったわけではないからおおよそのかんじしかわからなかったが、あるときふとサウンドを想いだす。あれはクラシックのオーケストラじゃない、ビッグバンドだ、と。もう中学生になっていた。耳にしなくなって何年も経っている。それなのに、だ。ビッグバンドにゲンダイ音楽っぽさがまじっている。すりこまれてしまった音楽。

いろいろ想いだすなかにこんなものもある。

音楽か。そりゃあもう、いつの時代でも若い者は音楽が好きでなあ。歌謡曲で流行したのは「枯れすすき」だな。さくらと一郎が歌っていた。そのほか、ダウンタウン・ブギウギバンドの「ジャングル・ブギ」、よしだたくろうの「湖畔の宿」、森進一の「夜霧のブルース」、ディック・ミネの「夜霧よ今夜もありがとう」、いっぱいあったなあ。わしの若い頃はジャズに夢中だった。いいバンドがいっぱいあったぞ。渡辺貞夫とシャープス・アンド・フラッツ、山下洋輔とアーニー・パイル、日野皓正とホット・ペッパーズ、森山威男と東京六重奏団、五木ひろしとマヒナ・スターズ、星新一とスター・ダスターズ、高石友也とニュー・ハード、岡林信康とブルー・コーツ、中川五郎とダイナ・ブラザース、ジョージ大塚とビッグ・フォアなど、たくさんあった。こういう連中が集って新宿西口広場でジャズ・フェスティバル、ロカビリーの連中は合歓の里でウエスタン・カーニバル、日劇ではロック・フェスティバルとか、銀巴里でもウッドストックをやって、それぞれ派手に音楽祭をくりひろげておった。すばらしい時代だったぞ。あのようなすばらしい時代はもう、来ないだろうなあ。

ビッグバンド、ビッグではないかもしれないが、リーダーがいてバンドがある、その名が列挙されている。されているかにみえる。短篇『昔はよかったなあ』で、書いているのは筒井康隆。一九七〇年半ば「奇想天外」誌に掲載、のち短篇集『エロチック街道』に収録された。小説のさいごのほうだが、音楽家とグループの組みあわせに大笑い。先の拙文とくらべるとわかる。ウソ八百。リーダー名とバンド名がずれ、場所とフェスがずれている。マヒナは和田弘だ！　銀巴里はシャンソンの牙城だろ！　とひとつひとつつっこみたくなる。だが、である。世紀が変わったいま、笑えない、おもしろくない、どころか、ほんとうのことと信じてしまうひとたちがいる、たくさんいるだろう。そうおもうと、笑いが顔のひきつりにかわる。もしかしたら、記憶され、こういうバンドがあってとまことしやかに語られるかもしれない。逆にいえば、事実と歴史はつねにそんなふうだった、のかもしれないなあ。

こうした音楽、音楽家にふれて「ジャズ」だとおもってはいた。かといって、ほかに聴いているものとべつのものではなかった。音楽はいろいろある。ぴんとくるものもあればこないものもある。わからない、とおもっていても何年か経って、急に、あれは、とおもいだしたり。固有名を記憶しておくと、再会がすこしスムーズになることも。

何がジャズか、ジャズとは何か、と考えはなかった。問いはあとになって抱いたが、答えなんかない。ジャズだとレッテルの貼られているものがジャズだった。呼称があったほうがスムーズという利便性。音楽はあるところで生まれるが、交配したり、種子をとばしたりする。種子はべつの土地に根づき、環境に適応した生育する。そんなふうに、アメリカ大陸で、ヨーロッパ系のひととその音楽、アフリカ系のひととその音楽が出会い、まじりあったひとつのかたちがジャズだったのだろう。種子はヨーロッパ各地やアジアへも飛んでゆき、べつの花を咲かせる。べつの土地にはまたべつの音楽があり、そうしたものと結びつき、環境にも適応し、さらに、となる。音楽はそうしたものなんじゃないか。若いころには、ジャズに分類されているものにふれ、じぶんなりにこれがジャズだとおもうものをジャズだとし、それはしばしば伸び縮みするのだが、世の、一般的なジャンルともほぼ一致して、問いは沈静する。寺山修司が武満徹との対談のなか、踏切の遮断機のカンカンいう音をあれはジャズだというのも可能だと語っているのを読んだときには、ぱっと視界がひらけたような気がしたが、そうしたことと耳にはいってきてジャズかジャズでないかを決めるは、それまでふれてきたものの蓄積と勘、直感だったようにおもう。

高橋悠治をよく聴いていたし、書いたものもよく読んでいたから、そのつながりで佐藤允彦や富樫雅彦には馴染んでいた。豊住芳三郎の名も『ぼくは12歳』で知った。誰か気になるミュージシャンがいれば、そこからのつながりで記憶する名がある。中牟礼貞則や菊地雅章、もっとあとでは本田竹廣や板橋文夫は、渡辺貞夫やギル・エヴァンスの名から気にするようになった。レコードのレーベルから知るものもあった。土取利行と坂本龍一がつくった『ディスアポイントメント-ハテルマ』は、近藤譲や佐藤聰明、スティーヴ・レイシーのアルバムをだしていたながれから、偶然、手にした。このリリース元たるコジマ録音は、メジャー・レーベルに関心がなかった——というより、ミュージシャンとレコード会社／レーベルとつながりあることを気にしなかった、というか知らなかった——、およそ(いまと変わらず)世間知らずだったなか、ほとんど唯一「顔」を感じた会社だった。ところどころで若き小島幸雄さんを見掛けたというのもあったのだろう。このレーベルからは、阿部薫の『なしくずしの死』とおなじく阿部薫と吉沢元治のデュオ『北(NORD)』もでていた。

とはいえ、ルイ＝フェルディナン・セリーヌの小説がタイトルになっているなんてコワくて、と遠巻きにしていたのだが。こうした名とともに批評家・間章の名があった。阿部薫と間章は、一九七八年九月と十二月にそれぞれ世を去っている。フリー系の批評家としてとはべつに、むしろシャンソンやプログレッシヴ・ロックのライナーノートの執筆者として、間章は認識していた。これもまた、高橋悠治が中心となっていた雑誌「トランソニック」でもその発言を読んだ。要するに、いくつかの点があり、そうした点がくっついたりはなれたりしながらべつのものがみえてきたりしたのだが、このころはもっぱら点を、点々を追うことにばかり熱中していた。すると、ぽろりと見落としてしまう、出会い損なってしまう名もある。高柳昌行はそのひとりだった……。

フランスの作曲家、オリヴィエ・メシアンが来日し、まだお茶の水にあった日仏会館で講演をおこなった。夏だったとおもうが、のこのこ出掛けていった。われながら媚びているなとおもうが、かばんには《七つの俳諧》のスコアをいれていた。講演後、楽屋に行って大家にサインをお願いしたのだが、まわりにはメシアン系列の高名な方がたが何人もいた。異彩をはなっていたのは加古隆。まだパリ帰りの作曲家・ピアニストの認識しかなかったが、すこししてから『TOK』やスティーヴ・レイシーとの『the OWL』など聴いた。八〇年代に加古隆は現代音楽でもジャズでもない、でも、そうしたものも血肉としながら、音楽をつくるようになる。山海塾の音楽に加古隆が携わるようになり、天児牛大演出で《色を重ねて―ピアノと四台のコントラバスによる》をやったのも八〇〜九〇年代……。

洋の東西、列島の内外を問わず、ヴォーカルは縁遠かった。どのジャンルでも、声の音楽は、ヴォーカルは多くのひとにアピールする。ジャズも同様。ジャズをやっていたひとがべつのところで活躍することもあれば逆のこともある。アイドル的に、たぶんレコード会社の方針として、デビューするひとともある。笠井紀美子がギル・エヴァンスと録音した『サテンドール』は聴いた。中本マリも聴いた。七〇年代後半から八〇年代にかけては、ポップやロックとはべつのスタイルもあった。阿川泰子、真梨邑ケイ、マリーン、秋本奈緒美、麻生小百合らがでてきて、ちらりちらりと聴いたり聴かなかったりしたが、ここで語るべきことはない。ほぼ同時期、松原みきが『ブルー・アイズ』というジャズ・アルバムをリリースし、声が好きだったのでこちらはあとでも聴きかえしたりしたが、あまりにスタンダードな選曲やアレンジに途惑ったのも事実。このひとはもともとの「ニューミュージック」系、世紀が変わって「シティポップ」にくくられてしまうアルバムのほうがずっとジャズィとおもっていた。そうしたなか、一般的にはジャズといえるのかどうかわからないけれど、熱心に聴いたのは浅川マキで、池袋・文芸坐ル・ピリエでのライヴには足をはこんだ。この歌い手とのつながりから渋谷毅にもながれていくが、いずれにしろ八〇年代の半ばすぎくらいのはなし。本書に書いたことどもの後日譚に位置する。くりかえしになるが、ヴォーカルは熱心には聴かなかったし、聴いても女性ヴォーカルにかぎられていた。声のピッチも質も、女性の、だった。ロックなら男性、ボサノヴァならどちらも、ポップスやクラシックなら女性、と偏りがあるのはどうしてなんだろう。楽器なら偏りはない。とはいえ、穐吉敏子からあと、高瀬アキ、橋本一子といったあたりまでみわたしてみて、女性のプレイヤーは多くない。以後、こちらと近い世代の国府弘子が八〇年代、木住野佳子、守屋純子、大西順子あたりは九〇年代。山中千尋、アキコ・グレース、上原ひろみ、桑原あいは世紀をまたいで、となる。ここでもまたピアノに特化しているのは、ほかの楽器より演奏者が多いのかもしれないし、クローズアップしやすい、目に耳にはいってくる機会が多いこともあるだろうか。いずれにしても、本書、本文からは未来のひとたち(の音楽)になる。

多くの、ここでいうジャズは、録音や放送で聴いていた。コンサートに行くこともあったが、十代のうちは年に数回。ライヴハウスは大学から就職したあとになる。本書の構成が章ごとにアルバムを冠しているのは、ライヴ＝生演奏ではないことを示してもいる。良くも悪くも、というか、良くなどぜんぜんないが、当時は録音をとおしてこそのジャズだった。雑誌も読まなかった。なんとなく、おなじジャズでも、いや、ロックでもクラシックでもそうかもしれないが、党派的なものを感じた。紹介や批評の執筆者も扱うものに偏りがあった。居心地がわるかった。ジャズ喫茶も同様。店によってかかるものが違う。空気も違う。音楽を志望はしたものの、ごく一般の高校生としては、対外的にややこしいところは本能的に避けていたのだろう。

新宿や六本木のピットインから新宿厚生年金会館、渋谷公会堂、イイノホール。ライヴ・アンダー・ザ・スカイのような野外コンサートもあったが、一九八八年にはブルーノート東京ができ、ジャズの場所も変わっていった。いまもピットインはあるし、ＤＵＧだってある。青山周辺にはさまざまなライヴハウスがある。地方には歴史のながい店があり、それぞれの空気を持っている。大都市での聴きかたの変化に対し、それぞれの土地での音楽のありかたがどう変化があり、ないのか、気になるところではある。

何を聴くのかもたぶんに偶然だったし、いわゆるジャズ入門などか雑誌とかは無縁だったのと同様、ジャズ喫茶も行き当たりばったりだった。有名な店に行くことはほとんどない。通っているところのそばにあればそこに行った。その意味では、どの店に行くのかによって、レコード、音楽の偏りもあったのだろうとはおもう。でも、それはそれ。二十世紀の六〇年代から八〇年代はじめくらい、東京で日々を、少年から青年まで過ごして、ジャズ(なるもの)にどんなふうに接してきたのか、その一例が——

あとがき

すみだトリフォニーホールでSADAO WATANABE meets 新日本フィルハーモニー交響楽団を聴いた(二〇二四年五月一日、水曜日)。

サダオさんは第一部をカルテットで、途中、村田陽一を加えたクインテットで、第二部を、村田陽一編曲／指揮のオーケストラにカルテットを加えたかたちで演奏。サダオさんが元気で、うつくしい音色が健在であることがうれしい。このアルトの音色に親しんできた、とあらためておもう。オーケストラは、ときに木管がかさなりあってドライヴを、ホルン、トロンボーンとテューバがヴォリュームを、メロディにグロッケンでカルテットとはべつの空間をつくりだして、控えめな存在感をつくりだす。アンコールの最後は、サダオさんと小野塚晃のピアノで余韻をのこしながら。終演は二十一時を大きく過ぎて。

パンデミックと家庭の事情がかさなり、劇場やホールから何年もはなれていたから、サダオさんを聴くのも久しぶり。サダオさんは二月に九十一歳になった。本書にでてくるアルバムすべて、アルバムを聴き文章を書いているものの生のすべてをまるまる包みこむ歳月。コンサートの前日、本書の初校が手元に届いたから、そんなおもいもつよかった。

十代のときとその後とでは、おなじ音楽でも異なった聴きかたをしている。おなじように聴くものもあるが、まるで違うように聴くものがあり、部分的にちょっと違うものがある。十代で聴いたものを四十代後半で書いてみる。六十代になって手をいれる。それぞれに距離がある。作曲され演奏された時間を含まずとも、ここにある文章にはいくつもの時間がかさなっている。断続的に渡辺貞夫の演奏を聴いてきて、ステージでの演奏に接すると、そこに音・音楽がながれながら、ときに過去のふれた音・音楽がかさなり、とおりすぎてゆくのを感じる。音楽は、そのときどきに生まれて、消える。こちらとおなじく生きているものとおもう。音楽もヒトも、生のたびに記憶をたずさえ、去ってゆく。音楽をめぐってコトバを、文章を書くのは、このわずかな痕跡をとどめたいとののぞみかもしれない。のぞみとは恥ずかしいものである。


本書について。

おもいつくまま、おもいだすまま、アルバム一枚ごとに書いた文章をどうならべるか悩んだ。とりあえずジャズ好きときいていた彩流社・河野和憲さんに読んでいただいた。これ、河野さんからしたら、どうなります？　と。何日かして、目次があがってきた。唸った。喫茶店で四方山話をまじえつつはなしていた河野さんなりの読みが反映されていた。河野さんがＤＪになり各章の見出しをアピール、素材としての拙文をべつのかたちでプレイする。ありがたい。

何年か前、劇作家・演出家の坂手洋二さんに「戯曲、書きませんか」とメールをいただいた。そんなもの書けるわけない。直後に、あ、ジャズ・バーのこと、行きつけだった店をモデルにしたら、とおもいつき、『Speak low, No tail (tale).(すぴぃくろう　のぅている)』を書いた。ヴェテラン劇作家のアドヴァイスをいただき、二〇二二年二月、シアタートップスで幕がひらいた。ジャズ・バーが舞台だから、音楽をかける。場面ごとに音楽が変わると、カウンターの客が、会話が変わる。ジャズ・バーに通い詰めるのはこの本に書いた時代よりあとなので、店でながれていたのはかならずしもかぶらないのだが、そこはフィクション、いくつもの楽曲が劇場でひびいた。そういう意味では、そのとき、またべつのかたちで、文脈で音楽を聴きなおし、とらえなおしてもいたんだな、きっと。

二〇二四年五月　東京

【著者】小沼純一（こぬま・じゅんいち）

1959年東京生まれ。音楽・文化批評家・詩人。学習院大学文学部フランス文学科卒業。現在、早稲田大学文学学術院教授。1998年第8回出光音楽賞（学術・研究部門）受賞。著書に『ピアソラ』（河出書房新社 1997）『ミニマル・ミュージックその展開と思考』（青土社 1997）『武満徹　音・ことば・イメージ』（青土社 1999）『パリのプーランクその複数の肖像』（春秋社 1999）『アライヴ・イン・ジャパン　日本で音楽する外国人たち』（青土社 2000）『サウンド・エシックス　これからの「音楽文化論」入門』（平凡社新書 2000）『バカラック、ルグラン、ジョビン　愛すべき音楽家たちの贈り物』（平凡社 2002）『武満徹　その音楽地図』（PHP新書 2005）『バッハ「ゴルトベルク変奏曲」世界・音楽・メディア』（みすず書房 2006）『魅せられた身体　旅する音楽家コリン・マクフィーとその時代』（青土社 2007）『発端は中森明菜　ひとつを選びつづける生き方』（実務教育出版 2008）『無伴奏 イザイ、バッハ、そしてフィドルの記憶へ』（アルテスパブリッシング 2008）『映画に耳を 聴覚からはじめる新しい映画の話』（DU BOOKS2013）『音楽に自然を聴く』（平凡社新書 2016）『本を弾く 来るべき音楽のための読書ノート』（東京大学出版会 2019）『しっぽがない』（青土社 2020）『小沼純一作曲論集成』（アルテスパブリッシング 2023）、訳書にマルグリット・デュラス『廊下で座っているおとこ』（書肆山田 1994）『ジョン・ケージ著作選』（ちくま学芸文庫 2009）等がある。

Sairyusha

リフレクションズ

二〇二四年七月十日　初版第一刷

著者——小沼純一
発行者——河野和憲
発行所——株式会社 彩流社
〒101-0051
東京都千代田区神田神保町3-10大行ビル6階
電話：03-3234-5931
ファックス：03-3234-5932
E-mail：sairyusha@sairyusha.co.jp
印刷——信毎書籍印刷（株）
製本——（株）村上製本所
装丁——中山銀士＋杉山健慈

ISBN978-4-7791-2981-0 C0073
https://www.sairyusha.co.jp